ARTES DO LIVRO 4

Aldo Manuzio
Editor. Tipógrafo. Livreiro

Aldo Manuzio (Bassiano, 1450 – Veneza, 1515).

Enric Satué

Aldo Manuzio
Editor. Tipógrafo. Livreiro

O Design do Livro do Passado,
do Presente e, talvez, do Futuro

Prólogo de
ORIOL BOHIGAS

Tradução de
CLÁUDIO GIORDANO

Ateliê Editorial

Título de original em catalão
El disseny de llibres del passat, del present i, tal vegada, del futur
La petjada d'Aldo Manuzio

Copyright © 2000 Enric Satué

Direitos reservados e protegidos pela Lei 9.610 de 19.02.98.
É proibida a reprodução total ou parcial sem autorização,
por escrito da editora.

1ª edição – 2004
2ª edição – 2020

Dados Internacionais de Catalogação na Publicação (CIP)
(Câmara Brasileira do Livro, SP, Brasil)

Satué, Enric.
Aldo Manuzio: Editor, Tipógrafo, Livreiro: As Pegadas de Aldo Manuzio / Enric Satué; prólogo de Oriol Bohigas; tradução de Cláudio Giordano. – Cotia, SP: Ateliê Editorial, 2004.

Título original: *El disseny de llibres del passat, del present i, tal vegada, del futur: la petjada d'Aldo Manuzio*
Bibliografia.
ISBN 978-65-5580-003-6

1. Livros – Diagramação – História 2. Manuzio, Aldo, 1449 ou 50-1515. 3. Tipos para impressão – História I. Título.
II. Título: As pegadas de Aldo Manuzio.

04-5515   CDD 686-2209

Índices para catálogo sistemático:
1. Tipografia: Artes gráficas   686-2209

Direitos reservados à

ATELIÊ EDITORIAL
Estrada da Aldeia de Carapicuíba, 897
06709-300 – Cotia – SP – Brasil
Tel.: (11) 4702-5915
www.atelie.com.br | contato@atelie.com.br
facebook.com/atelieeditorial | blog.atelie.com.br

Impresso no Brasil 2020
Foi feito o depósito legal

*Aos que foram meus editores prediletos:
Alfonso Comín, Rosa Regàs e Jaime Salinas,
de quem fui seu projetista predileto.*

Sumário

Prólogo – *Oriol Bohigas* ❋ 11

Introdução ❋ 17

Um Processo Exemplar de Inovação Editorial ❋ 31

Aldo Manuzio, Editor ❋ 45

Aldo Manuzio, Tipógrafo ❋ 85

Aldo Manuzio, Livreiro ❋ 143

As Pegadas de Aldo Manuzio ❋ 173

Livros, Opúsculos e Catálogos Publicados por Aldo Manuzio ❋ 229

Bibliografia sobre Aldo Manuzio ❋ 237

Bibliografia sobre o Tempo e os Amigos de Aldo Manuzio ❋ 245

Índice Onomástico ❋ 247

Prólogo

ENRIC SATUÉ É algo incomum no cenário recente das artes plásticas espanholas, senão da cultura internacional. Ao longo do século XIX, e até as primeiras décadas do século passado, ocorria assaz frequentemente de um mesmo indivíduo ser artista, além de historiador e crítico de arte. Exemplo quase milagroso dessa capacidade de desdobramento cultural foi sem dúvida Viollet-le-Duc, ao qual, porém, poderíamos agregar uma plêiade de representantes das grandes culturas europeias. São igualmente muito importantes os exemplos na Catalunha, a começar por outro notável milagre, Josep Puig i Cadafalch, e terminando com escritores do século passado, como Feliu Elias e Rafael Berut, além de figuras mais recentes, como Cirici Pellicer. Seria interessante estudar até que ponto essa diversidade artística e intelectual assumiu valor fundamental na obra de cada um deles. Pelo menos no caso de Viollet--le-Duc e Puig i Cadafalch isso é bem evidente. De certo modo essa tradição extinguiu-se. Ainda existem muitos artistas que falam e escrevem refletindo sobre as próprias obras e sobre sua inclusão nos movimentos artísticos nacionais e estrangeiros. Antonio Saura, Jorge Oteiza e Antoni Tàpies são exemplos de refinada qualidade. Muito poucos, porém, são os que chamam a si a tarefa da pesquisa histórica e da crítica dos acontecimentos significativos. Daí ter eu dito que Enric Satué é hoje caso por demais insólito.

Poderíamos, numa palavra, dizer que Satué é um historiador e pesquisador exaustivo e intensivo do projeto gráfico. Publicou já uma dúzia de livros e infinidade de artigos sobre o tema, nos quais precisamos forçosamente assentar quase todos os conhecimentos que dele temos. Em seus trabalhos, Satué abordou a um só tempo três aspectos básicos para seu conhecimento. O primeiro é a história, campo apenas fragmentariamente até então abordado. *O Projeto Gráfico: Da Sua Origem aos Nossos Dias* (1988) viria a ser o ápice desse tema, que teve ainda uma amostragem setorial em *O Projeto Gráfico na Catalunha* (1987).

O segundo aspecto é a pesquisa sobre produtos de projeto muitas vezes negligenciados nas histórias – nas quais se destacam somente os nomes de grandes criadores ou os desdobramentos da alta cultura – e que são magnífico apontamento sociológico, constituindo ao mesmo tempo sugestões bem novas contra a possível acomodação do consumo. Nesse sentido há duas obras fundamentais: *Um Museu na Rua* (1984), catálogo incrivelmente minucioso dos antigos letreiros comerciais de várias cidades da Catalunha, que constitui uma história gráfica completa; e os quatro volumes de *O Livro dos Anúncios* (1985-1994), que vai de 1830 a 1992, acolhendo em seu contexto artistas como D'Ivori, Apa, Cornet, Nogués, Opisso, Aragay, Renart, Triadó, Torné Esquius, Smith, Junceda, Casas, Mestres, Sala, Crous, Cirici, Giralt Miracle, Pla Narbona etc., ao lado de artesãos e profissionais mais modestos, sem os quais seria impossível compreender o alcance da criação e a difusão de um gosto popular, e sequer situar corretamente o suporte social e industrial das sucessivas etapas da época.

Todavia, o aspecto que mais me interessa na obra escrita de Satué é sua intervenção polêmica e crítica na atualidade internacional mais sensível. Por exemplo, o magnífico volume *Os Demiurgos do Projeto Gráfico* (1992) e, desnecessário dizê-lo, muitos dos seus artigos dispersos, como o publicado na revista *Domus* (1997). No citado livro, Satué analisa um fenômeno que ameaça tornar-se alarmante: o projeto gráfico recente converteu-se numa espécie de instrumento demiúrgico, tão específico e empolado, tão autossuficiente que na torrente vertiginosa do consumo pode implicar a perda dos valores culturais. Ao comentar o manifesto de alguns profissionais italianos, Satué explica resumidamente o fenômeno: "assim como na década de 1930 se considerava a arquitetura como vetor das disciplinas do projeto e, na de 1960, na passagem da produção para o consumo, o projeto industrial assumiu papel de principal coordenador conceitual, na década de 1990 o projeto gráfico se coloca em posição estratégica privilegiada dentro da cultura dos projetos". Eu mesmo disse algumas vezes que um dos problemas da arquitetura atual é que a cada dia deixa ela de ser arquitetura para converter-se meramente na materialização de um anúncio comercial, ou, no melhor dos casos, num gesto gráfico. A força da imagem e a mensagem agressiva dessa imagem são tão prioritárias nos circuitos comerciais, que o projeto gráfico corre o risco de perder todos os componentes artísticos e, em geral, culturais, submetendo-se a decisões mercantis que podem afastá-lo inclusive da comunicação em termos culturais e confiná-lo num populismo acrítico. O livro percorre todo o panorama internacional mais recente, da escola de Ulm a Joan Brossa, procurando descobrir o fio das sucessivas atitudes culturais e das sucessivas descobertas que podem ser as bases formais e éticas de uma teoria para o desenvolvimento do terceiro milênio. Teoria que o próprio Satué teve ocasião de aprofundar nos cursos que deu na Universidade Pompeu Fabra, de Barcelona.

Nesta vertente histórico-crítica impõe-se também interpretar o livro que o leitor ora tem nas mãos. A obra de Aldo Manuzio é aqui analisada de modo acuradíssimo. O mais importante, porém, é que da experiência e do grande ofício do mestre quinhentista extraem-se considerações sobre a atualidade da arte do livro em tom intencionalmente crítico: "acha-se o livro hoje numa situação empobrecedora, e lhe cairia bem um punhado de Manuzios editores de incunábulos". O que talvez possibilite compreender mais diretamente a intenção desses textos são três aspectos muito significativos. Primeiro: o empenho para definir, nas páginas iniciais, o que é um livro, e quais os elementos de composição e funcionais que se mantiveram constantes ao longo de sua história. Segundo: a análise da vida e obra de Manuzio, entendida como síntese do esforço cultural simultâneo de um editor, tipógrafo e livreiro para demonstrar até que ponto a fragmentação dessas atividades e interesses comprometeu a qualidade do livro atual; ainda hoje, "um bom editor será aquele que atua concentricamente nos três âmbitos, ou que tenha pelo menos destacada sensibilidade intelectual, artística e comercial". Terceiro: a referência crítica à situação atual do livro, acompanhada de uma série de observações que se justificam com a presença dos movimentos modernos e das novas práticas industriais e comerciais, da Art Noveau e Arts and Crafts à utilização prioritária da imagem entre os americanos mais recentes.

Até aqui falei só de Enric Satué como historiador, teórico e crítico de projetos gráficos. Mas, claro, o aspecto mais característico da sua personalidade é a altíssima qualidade alcançada como projetista. Na concessão do Prêmio Nacional de Projeto (1988) apontava-se sua atividade como investigador e divulgador; mais que tudo, porém, salientava-se sua importante atuação no projeto gráfico, em particular no meio editorial. Esquematizar – ainda que em termos qualitativos apenas – a obra de Satué parece-me, nestas circunstâncias, quase impossível. Limito-me a lembrar alguns exemplos: a criação dos jornais e revistas ou de seus cabeçalhos – *Diario de Barcelona*, CAU, *El Periódico de Cataluña*, *Arquitectura Bis*, UR etc.; a imagem de muitas séries editoriais – Libros de Enlace, Coleção Austral, Libro de a Bordo; as coleções de Alfaguara, La Gaya Ciencia, Crítica, Laia, RBA etc.; uma série interminável de cartazes – Barcelona 92, Barcelona Ponte Guapa (Barcelona, Faze-te Bela), Bruxelas 85, Prêmios Laus, cinquentenário da morte de García Lorca, Felicitemos a Juan Miró, Benet, o Presidente de Todos, Os Heterodoxos, Alvar Aalto etc.; e logotipos que fazem história: Up & Down, Banco de Barcelona, Alfaguara, Universidade Pompeu Fabra, Instituto Cervantes, Museu Nacional de Arte da Catalunha, Amigos de Miguel Martí i Pol, Casamento da Princesa Cristina con Iñaki Urdangarín etc.

Entretanto, não posso deixar de reportar-me ao que poderíamos chamar de atitude projetual de Satué, que se manifesta bastante claramente em toda a sua obra. Consiste basicamente em tornar legíveis e compreensíveis as fórmulas mais críticas e mais inovadoras. Explico-me: a arte – e, em geral, todos os campos criativos da cultura, vale dizer, os que não correspondem a uma interpretação antropológica do termo – é sobretudo uma proposta crítica dirigida contra os maneirismos vazios de conteúdo que o *establishment* – as normas comerciais de consumo, assimiladas pelos segmentos mais analfabetos ou por recém-chegados inconsistentes – desenvolve de modo feroz, sem entender as transformações do gosto ou a reformulação da racionalidade do progresso. Conservar sempre uma postura crítica é a única salvação da arte; isso, porém, traz grande risco para as artes nas quais ocupam papel importante a comunicação e o uso social. É o caso do universo completo dos projetos e da arquitetura. Um projeto gráfico de qualidade haverá de contrapor-se ao costume assimilado apenas superficialmente, mas deverá ao mesmo tempo ser entendido e transmitir, com propriedade e eficácia, algum conteúdo. Ou seja: não se pode dar ao luxo de atravessar períodos de falta de comunicação coletiva, como muitas vezes se permitiu a poesia, a música ou a pintura, as quais podem suportar os ensaios laboratoriais mais críticos.

Para resolver essa situação aparentemente contraditória, e quem sabe convertê-la em nova atração cultural, Satué adota conduta muito inteligente. Preserva a legibilidade e, pois, a capacidade de comunicação das composições gráficas, valendo-se de estruturas ou "estilemas" pautados sobre alguma tradição visual ainda vigente ou descoberta nas aparências daquilo que se apresenta como habitual, e mesmo "antiquado", "sabido", "convencional". Mas, com esses elementos, compõe uma obra essencialmente inovadora, revolucionária, condicionada sempre a uma crítica radical aos modelos dos quais emprestou os elementos mais facilmente comunicativos. Quer dizer, com instrumentos legíveis, transforma a sintaxe e os conteúdos, criando, portanto, novas matrizes culturais e articulando nova gramática do gosto, sem perder a eficácia da comunicação – seja em relação ao tema anunciado, seja aos aspectos gráficos inovadores.

Para conseguir isso, carece de analisar – ou adivinhar – as essências reais de comunicação dos elementos tradicionais. Não se trata, pois, de uma transferência mecânica, e sim de acuradíssimo conhecimento – de uma interpretação essencial. Para tanto, o Satué projetista recorre a sua outra personalidade – o Satué historiador e crítico. Duas personalidades indissolúveis, se quisermos compreender e classificar a sua produção. Disse eu no começo que Satué representava a continuação de uma linhagem ilustrada que hoje, infelizmente, não está tão presente como esteve em gerações anteriores. Seria difícil, como eu dizia, interpretar a produção arquitetônica de Viollet-le-Duc ou de Puig i Cadafalch sem conhecer-lhes a atividade de arqueólogos. E seria absurdo julgar o grande empenho de Satué, se não entendêssemos a sobreposição operacional de seus dois objetivos culturais.

Por essas razões todas, parece-me importante e significativo este livro que o leitor tem em mãos. De todos os trabalhos de Satué, este é inegavelmente o que explica de modo mais claro a interação inteligente entre investigação e criação.

ORIOL BOHIGAS

Introdução

FISICAMENTE, O LIVRO é um conjunto de folhas impressas – agrupadas em fascículos ou cadernos numerados em ordem crescente e costurados para funcionar como sanfona – inseridas, coladas e protegidas por uma encadernação ou capa.

Além disso, é provavelmente o conjunto metafísico mais elogiado pelos mestres da liturgia tipográfica de todos os tempos. Usado em primeira instância como apoio teórico do patrimônio cultural da Humanidade, pode-se defini-lo como se queira, por exemplo: "símbolo de todas as coisas importantes que lhe foram confiadas, com o propósito de ocultá-las da maioria ou evitar que se percam ao longo dos tempos"[1].

A Unesco define-o ainda mais laconicamente: "Impresso não periódico que agrupa num só volume mais de 49 páginas, excluídas as capas. Quando menor chama-se opúsculo ou folheto (ou plaqueta); quando formado de mais de um volume, rotula-se obra".

No curso de cinco séculos e meio de sua história, esse conjunto glorioso de folhas impressas organizou-se convencionalmente da seguinte forma:

---

1. Passagem de conferência pronunciada em 1968 pelo eminente bibliotecário Jordi Rubió i Balaguer na Livraria Porter, de Barcelona.

- Abrindo-se a capa (descrita no final desta exposição) aparecem páginas brancas de *guarda*, ou *cortesia*, de duas a quatro, segundo a categoria da edição; em geral e simetricamente estas páginas também se repetem ao cabo do livro.
- Em seguida, a primeira página ímpar impressa chama-se *anterrosto* (ou *falsa folha de rosto* ou *falso frontispício*) e traz impresso apenas o título da obra, em corpo pequeno.
- Nos costas da página de anterrosto, que espelha com o frontispício, pode constar, se desejado, o retrato do autor ou da personagem biografada.
- A página ímpar seguinte ao anterrosto chama-se *frontispício* (ou *página de rosto*) e é o verdadeiro cartão de identidade do livro, pois nela figuram: o título completo (em corpo maior que o do anterrosto, embora menor que o da capa), o subtítulo ou as partes, nome e sobrenome do autor e a identificação da editora (logotipo, denominação, cidade e ano da edição).
- A página seguinte ao frontispício chama-se *página de créditos* (ou ainda verso da folha de rosto); nele se apresentam os créditos editoriais, outros detalhes específicos (como: *copyright*, depósito legal, ficha catalográfica, dados da editora etc.), o título da obra no idioma original, em se tratando de tradução, a numeração, caso seja edição para bibliófilos, e a licença eclesiástica, se pertinente.
- A página ímpar seguinte pode ser reservada para *dedicatória*.
- Na página ímpar imediata vem o sumário, a primeira página do prólogo ou o texto do livro (eventualmente encimado por um *frontis*, *friso* ou *cabeceira* em caixa alta, constituído geralmente de desenhos decorativos em forma de arabescos ou vinhetas).
- Se o livro se divide em capítulos com títulos, estes vêm em páginas isoladas, sempre ímpares.
- Nas páginas de texto, este costuma apresentar-se sob a forma de bloco ou colunas tipográficas, tradicionalmente de corpo 12 [10 no Brasil]. Em livros de formato grande ou temática infantil, o corpo pode chegar a 24; Stanley Morison achava que não se po-

dia chamar propriamente de tipografia quando se empregasse corpo maior do que este. Nos livros de bolso (ou menores) o corpo pode reduzir-se até o limite razoável de 8, habitual para notas de pé de página dos livros normais. As páginas de texto poderão conter notas ao pé da página, ou ao final do capítulo ou do livro. Os números em corpo reduzidíssimo, estrategicamente alocados no texto, reportando-se às notas, chamam-se tipos *sobrepostos*. O *fólio* ou *foliado* refere-se à numeração das páginas; o *fólio explicativo* ou *historiado* é o que, além do número, traz o título do capítulo ou da obra ou o nome do autor. Ao término do capítulo, o texto pode assumir formas tipográficas singulares: por exemplo, o *copo* "Médicis" clássico (em forma de copo renascentista, com pé), a *base de lâmpada* (em forma de triângulo invertido) ou então, mais exótico, o *triângulo espanhol* (com a última linha do texto centralizada ou epigráfica).

✤ No final do livro ficam os apêndices, a bibliografia, os índices analíticos – ou de assuntos – e de nomes, e os índices propriamente ditos, ou sumários (se estes não aparecem no início).

✤ Por último, mas antes das páginas de guarda ou cortesia (se houver, pois são optativas) costuma aparecer o *colofão*, última página impressa, que contém tradicionalmente a data em que se acabou de imprimir o livro, o local e a gráfica, redigido num estilo literário também tradicionalmente florido.

✤ As capas do livro podem ser rígidas ou flexíveis. As primeiras denominam-se *capas duras* ou *cartonadas*, as segundas, *rústicas* ou *moles*. As capas duras, por sua vez, revestem-se em geral de tecido, tela (ou variações de produtos sintéticos menos nobres, mais baratos) couro ou pergaminho, obedecendo sempre a tradição histórica. E nessa tradição, trazem pouca impressão: uma vinheta decorativa ou o título na capa da frente, impresso em geral com destaque, não raro em ouro ou prata – como se continua praticando desde Manuzio – ou em outra cor qualquer; na 4ª capa (costa externa do livro) põe-se um escudo ou símbolo. Costuma-se hoje revestirem-se as capas duras com papéis que possam receber impressão; desse modo, acabam ilustradas em cores como as sobrecapas ou as capas flexíveis.

- As sobrecapas consistem em uma folha de papel dobrada em quatro páginas, com lombada e orelhas. Recobrem o livro de capa dura, com dupla função: de um lado suportam a impressão de letras, imagem e cores sem outra limitação que a do bom gosto e moderação; em segundo lugar evitam (ou pelo menos retardam) o desgaste do material que reveste a capa dura. As faces da capa e da sobrecapa recebem respectivamente o nome de *1ª capa* (ou sobrecapa), *2ª capa*, *3ª capa*, *4ª capa*.

- A lombada é um dos elementos mais característicos e peculiares do conjunto exterior do livro. Historicamente foi o primero e principal elemento da capa a ser decorado. Contém os seguintes dados essenciais: o título e o autor da obra; a editora, frequentemente sob a forma de logotipo; pode-se incluir, em se tratando de coleção, o número do volume e/ou título da coleção. Em virtude da redução progressiva dos formatos e espessuras, somente no século xx se introduziram as atuais disposições de títulos redigidos de baixo para cima, ou vice-versa, paralelas à lombada, e não no sentido transversal, segundo a tradição clássica. As lombadas com legendas de baixo para cima chamam-se *à francesa* e as de cima para baixo, *à inglesa*.

- As guardas, formadas de dois jogos de quatro páginas, a primeira e a última delas coladas, respectivamente, na 2ª capa e na 3ª capa dos livros em geral cartonados (capa dura), mostram-se habitualmente com desenhos em forma de mosaicos ou *indianas* em cores, lembrando as técnicas características dos papéis pintados artesanalmente – que ainda sobrevivem – e praticadas na Europa desde o século xvii. Têm sua origem numa prática turca iniciada duzentos anos antes.

Em síntese, tal é a morfologia do objeto que nos propusemos analisar. Curiosamente, a natureza física do livro impresso pouco mudou nos cinco séculos e meio de aventura histórica a ponto das definições tão assépticas e precisas, como as anteriormente arroladas, poderem aplicar-se indistintamente a livros do passado, do presente e talvez do futuro.

Graças a essa circunstância sincrônica tão peculiar, pode-se já estabelecer uma primeira hipótese, assaz evidente, a saber: se fosse o caso de reduzir a história do livro impresso a uma só pessoa, esta deveria ser o inimitável Aldo Manuzio – personagem que vale por três, mercê de sua deslumbrante e simultânea condição de editor, tipógrafo e livreiro; quer dizer, responsável único por uma obra culturalmente gigantesca, cujo magnetismo irresistível nos atrai hoje com o melhor dos ímpetos: o que simplesmente aumenta com o passar dos anos.

De fato, acima dos dados biográficos e profissionais elementares de figura emblemática como Gutenberg (símbolo histórico universal da invenção da imprensa) e dos incunábulos em geral, surge de imediato a magia particularíssima das edições desse homem de letras extraordinário, cujo fascínio se deve à feliz conjunção de emoções intelectuais, artísticas e técnicas únicas, filhas de um tempo racionalista no qual, segundo a opinião de John Ruskin (artista e escritor do final do século xix), "Veneza toda era ciência e sabedoria"[2].

Abstraídos na contemplação de tão bela obra, não nos demos conta de que a atração pela figura e trabalho de Manuzio é muito mais ampla do que poderíamos imaginar. Tomamos consciência disso ao consultar e reunir as primeiras fontes bibliográficas, algo aleatoriamente, como bem o mostra a bibliografia constante no final deste volume – verdadeiramente extensa, e até surpreendente, se considerarmos o estado incipiente da tipografia, a turbulência política de seu tempo e a densidade cultural do período que lhe coube viver.

A lista é claramente assombrosa. Estudos extensos como os dos professores Carlo Dionisotti e Giovanni Orlandi, ou os de

---

2. J. Ruskin, *Las Piedras de Venecia*, Barcelona, Ediciones Iberia, 1961.

Martin Lowry e Manlio Dazzi, para citar somente os mais célebres, podem levar a pensar que se apresentou quase tudo a respeito do humanista veneziano. E, além disso, de modo muito atraente, porquanto os editores citados têm o dom de dar voz aos arquivos e bibliotecas, em linguagem sugestiva e literária, abeirando-se de estilos conhecidos, salpicados de comentários históricos, como podiam sê-lo os que merecem crédito, cada um a seu modo, de nossos contemporâneos Eduardo Mendonza ou Arturo Pérez Reverte ou, anteriormente, o insigne pioneiro que foi Benito Pérez Galdós.

Séculos atrás, testificam-no também, por exemplo, a biografia de Domenico Maria Manni, de 1759, o exaustivo trabalho de Antoine-Augustin Renouard (recolhido na edição em três volumes dos *Annales de L'imprimerie des Aldo*, publicados pela primeira vez em 1803, Paris, logo depois da Revolução Francesa!) – e o do grande impressor e tipógrafo Ambroise Firmin-Didot, em 1875.

Trata-se, sem a menor dúvida, de estudos de sólida consistência acadêmica, e a modéstia de nossa iniciativa está longe de aspirar emparelhá-los. Pois bem, as consultas a essas fontes ratificou algo de que já suspeitávamos, ou seja, que não abundam estudos específicos sobre os critérios estéticos de Manuzio aplicados à "arquitetura gráfica" do livro (expressão felizmente cunhada pelo notável arquiteto Walter Gropius, fundador da mítica escola de desenho Bauhaus, pioneira em racionalizar atividades relacionadas com o projeto, até então artísticas, e entre as quais se inclui por certo a confecção do livro).

A conclusão mais alentadora é que o gosto pelo projeto de livros impressos por Aldo – a qualidade, por outro lado, implícita em todos os editores daquele período – não tem sido suficientemente estudado. Assim, apesar da existência de bibliografia tão impressionantemente convincente, essa carência justifica de sobra o aparecimento desta nossa obra.

Por conseguinte, cremos válido se faça todo o possível para que se conheçam e se divulguem as contribuições excepcionais que Aldo Manuzio deu à história do livro e que hoje integram a natureza gráfica e orgânica e convencional deste objeto cultural que por tantos anos – se não séculos – tão pouco se alterou. A letra cursiva, o formato de bolso, o livro ilustrado, o livro de texto, o impulso definitivo aos tipos de fundição do estilo românico, a página dupla considerada como unidade formal, a capa de couro sobre papelão, a lombada quadrada, a gravação de ouro laminado aquecido, as coleções temáticas, os catálogos, os conselhos editoriais e inúmeros outras coisas são obra dele.

A bem da verdade, fora dessa fertilíssima parcela manuziana encontram-se escassos elementos de fatos novos. Do ponto de vista cronológico, o primeiro talvez seja a invenção e aplicação da tipologia *estreita*, *encolhida* ou *condensada*, que surgiu no século XIX, em pleno Romantismo, para compor comodamente os versos endecassílabos ou alexandrinos na mesma linha. Inicialmente se chamava com propriedade a essa tipologia de *poética*.

A segunda invenção determinante é também anônima e consiste na publicação de fotografia em livro: forma nova de ilustração em branco e preto (e mais tarde em cores), que iniciava forte concorrência com as xilogravuras, calcografias e litografias.

A terceira e, por ora, última invenção importante situa-se em 1928, sob a responsabilidade do projetista alemão Jan Tschichold que segundo parece foi o primeiro a editar livro com o texto em tipo linear (um dos que se chamavam genericamente *grotescos*).

No que tange ao projeto gráfico – ou à arquitetura gráfica do livro – termina aqui a simplificação, iniciando-se incansável e repetitiva complexidade. Pois, como diz Bruno Munari – artista e projetista italiano originalíssimo, que participou como poucos da dignificação gráfica do livro (sobretudo com seus trabalhos experimentais infantis, hoje verdadeiras peças de bibliotecas, assim como com sua intensa colaboração com o editor Giulio Einaudi): "complicar é fácil, muitíssimo mais difícil é simplificar".

Uma complexidade simplificadora, se assim se pode chamá-la, levou à experiência arquitetônica. Ninguém como Gropius

DIE ALTE TYPOGRAPHIE (1450–1914)

Während die Geschichte der Typographie von der Erfindung bis etwa zur Mitte des vorigen Jahrhunderts eine fortlaufende, ruhige Entwicklungskurve zeigt, bietet die Entwicklung seit dieser Zeit das Bild ruckweiser, unorganischer Störungen, einander durchkreuzender Bewegungen, die Tatsachen neuer technischer Erfindungen, die auf die Entwicklung bestimmend einwirken.

Die Typographie der ersten Epoche (1440–1850) beschränkt sich fast ausschließlich auf das Buch. Die Gestaltung der daneben auftauchenden Flugzettel und der wenigen Zeitungen entspricht der der Buchseite. Bestimmendes Element, besonders seit dem Anfang des 16. Jahrhunderts, ist die Type. Die übrigen Teile des Buches erscheinen sekundär, sie sind angefügt, schmückend, nicht Wesensbestandteil. Die Buchgestalt als Ganzes wird im Laufe der Jahrhunderte zwar variiert, aber nicht entscheidend gewandelt. Gutenberg, der nichts anderes im Sinne hatte, als die damalige Buchform — die Handschrift — zu imitieren, entwickelte seine Typen aus der damaligen Buchschrift, der gotischen Minuskel. Sie, die man heute gern religiösen und anderen feierlichen Inhalten vorbehält, diente zu ihrer Zeit zur Niederschrift oder zum Druck aller vorkommenden, auch profaner, Texte. Der Erfinder wählte mit der gotischen Minuskel, der „Textur", eine Schrift zum Vorbild, die für Inhalte von Bedeutung, d. h. für solche Bücher verwendet wurde, deren Inhalt den Horizont nur aktuellen Interesses überschritt. Neben dieser gotischen Minuskel war im täglichen Leben für aktuelle Schriften, Urkunden und kurze Niederschriften die gotische Kursive (in Frankreich Bâtarde genannt) in Gebrauch, die später Schoeffer zur Ausgangsform der von ihm zuerst benutzten Schwabacher machte. Mit diesen zwei Schriftarbeiten begnügte sich das Zeitalter zwischen der Erfindung und dem Beginn des 16. Jahrhunderts. Von den Variationen der Gotisch und der Schwabacher die mit den Schriften Gutenbergs und Schoeffers die allgemeine Linienführung gemein haben, dürfen wir bei dieser historischen Betrachtung ebenso absehen, wie von den Formen der Antiqualype vor 1500.

Die Buchform als Ganzes gleicht zu dieser Zeit fast vollkommen der Form des geschriebenen spätgotischen Kodex. Sein Reichtum an bemalten, goldgehöhten großen und farbigen kleinen Initialen, die Rubrikatur, die Randleisten der Anfangsseiten werden in das gedruckte Buch übernommen. Ursprünglich mit der Hand eingefügt, werden diese schmückenden Teile bald in Holz geschnitten und mit g e d r u c k t, bei kostbareren Ausführungen eines Buches nachträglich koloriert. Der Satz in zwei Kolumnen überwiegt. Die Titel zeigen eine asymmetrische, von Logik nicht übermäßig belastete Aufteilung. Selten, daß axiale Gliederungen erscheinen — sie bleiben auf Italien beschränkt. Die Harmonie von Text, Initialen und Titelei wird von

15

Jan Tschichold, Die Neue Typographie, *Frankfurt, 1928, in-quarto, 145 x 210 mm.*

Introdução ❦ 25

poderia dizer com mais autoridade que projetar livros era também uma forma de fazer arquitetura. De fato, a disciplina do módulo, a preparação, o equilíbrio de tom e de ritmo, para citar apenas parte de sua prolífera casuística, complicariam sem dúvida alguma, e até de modo extraordinário, a vida dos projetistas artesãos, responsáveis pela construção formal de livros, sem esquecer que a fórmula inteligentemente interdisciplinar (teórica e prática) que o diretor da Bauhaus escolheu para tratar a arte, a arquitetura, o artesanato e o projeto num único campo de ação tinha que forçosamente simplificar – a curto ou médio prazo – todos os aspectos formais do processo editorial, ao menos conceitual e instrumentalmente.

No dizer de Nikolaus Pevsner, a mudança mais profunda consistia "em que arquitetos e projetistas aceitassem a mesma responsabilidade social, e, portanto, a arquitetura e o projeto se transformassem num serviço, e em que os edifícios e os objetos de uso cotidiano fossem projetados não só para satisfazer os anseios artísticos de seus criadores, mas também para preencher necessidades poéticas – fazendo-se isso a fundo e com entusiamo"[3].

Apesar das boas e novas intenções mostradas nos anos 1920 pelos propulsores do Estilo Internacional, a relação entre arquitetura e livro vem de muito antes. Atentando para os elementos constitutivos do livro, vemos que alguns conservam ainda antiga e misteriosa terminologia arquitetônica: *falso frontispício* (ou *falsa folha de rosto*), *folha de rosto* ou *frontispício* (frequentemente decorada com desenhos arquitetônicos envolvendo títulos e legendas, sobretudo nos séculos XVI, XVII, XVIII); *pórtico* (do prólogo), *frontis* (da vinheta no topo da página, ao início do texto) ou *friso* (quando a vinheta tem o formato de orla de cercadura); *margens* (da superfície branca da página que rodeia a mancha do texto); *blocos* ou *colunas* (da morfologia das manchas de texto) etc.

3. N. Pevsner, *The Sources of Modern Architecture and Design*, Londres, Thames & Hudson. Existe edição espanhola: *Los Orígines de la Arquitectura Moderna y del Diseño*, Barcelona, Editorial Gustavo Gili, 1978.

A arquitetura, por sua vez, mantém analogias formais e estruturais com o livro, suficientemente expressivas para explicitar seus aspectos anedóticos na aparência. Principalmente depois que Gropius – com Miers van der Rohe, Le Corbusier e outros – aplicaram na execução dos projetos as ideias sociais e racionalistas do conhecimento moderno. Assim, o critério de livro equivale ao espaço habitável da casa, ao passo que a casa assume o papel da fachada. Em decorrência, a forma exterior define a casa ou, ao menos, sugere-a, enquanto o interior lhe é precedente e mais importante. A forma segue a função (segundo pregava o famoso lema dos nossos projetistas, empenhados na causa nobre de transformar a sociedade através do projeto) e quando, mesmo hoje, a relação de harmonia entre continente e conteúdo de uma casa – ou de um livro – é ótima, fala-se em rigor racionalista. Inversamente, quando esse projeto não se realiza e a fachada – ou a capa – são produzidas sem levar demasiado em conta seu conteúdo, pode-se falar com absoluta justiça em incoerência, decorativismo, ecletismo, academicismo etc.

"Existem duas características de organização comuns à arquitetura e construção e à tipografia e produção gráfica que se devem ter como princípios essenciais e como tais devem ser obedecidos por ambas as artes: o respeito aos materiais usados e seu emprego em consonância com os objetivos sociais, essência das duas artes. A atividade tipográfica, como a arquitetura, está a serviço da sociedade. São artes que, por sua natureza, estão predestinadas a servir a civilização."[4]

A imagem pela imagem é, sem dúvida, critério tão discutível quanto a arte pela arte, que os racionalistas repudiavam tão radicalmente. Se aceitarmos a definição que os dicionários convencionais dão para ilustração ("ornar um impresso com figuras ou gravuras alusivas ao texto"), veremos que continuam as analogias

---

4. S. Morison, *First Principles of Tipography*, Cambridge, Cambridge University Press, 1931. Existe edição espanhola: *Principios Fundamentales de la Tipografía*, Barcelona, Ediciones del Bronce, 1998.

entre arquitetura e livro. Nesse sentido podemos admitir que as fachadas e as capas são metáforas da ilustração: ornar a superfície mais ou menos plana de uma fachada com formas (e, às vezes, até com figuras e gravuras) alusivas de algum modo ao discurso interno é semelhante ao critério com que se executam as capas atuais, repletas de imagens alusivas também, de algum modo, ao discurso interno.

A dialética eloquente entre forma e função tem com frequência exasperado os criadores da arte aplicada, a ponto de levar Achille Castiglione (um dos projetistas industriais mais capacitados) a exclamar: "A função, que forma belíssima!" Nada obstante, deixando agora de lado lirismos e propósitos elevados, a realidade é que o exterior dos livros ignora muitas vezes seu interior – e vice-versa –, num processo de degradação deveras escandaloso, tornando manifesta a disfunção mais arbitrária e perpetrada ostensivamente.

Na realidade, já faz bons anos que as funções estão separadas: enquanto a capa permaneceu patrimônio do projetista, o miolo é competência quase exclusiva do editor ou impressor. Essa disfunção se manifesta em geral quando se comparam os critérios tipográficos e de composição com os quais se definem e produzem separadamente a capa e o miolo, daí resultando inevitáveis divergências, se não incoerências e indefectíveis contradições. Não que em algum momento do processo se tenham abandonado os princípios teóricos do Movimento Moderno; é que jamais foram observados (excetuados casos gloriosos, vanguardistas e inteligentes que, infelizmente, não lograram fazer escola). Maliciosamente, o projeto tipográfico inovador de Jan Tschichold, proposto em seu livro *Die Neue Typographie* (publicado em 1928), foi tachado depreciativamente como "composições tipográficas futuristas" pelos críticos de seu tempo.

Para terminar, umas poucas palavras que justifiquem algo de absoluto capricho nosso. Com o propósito de salientar ao máximo a arquitetura gráfica de belas páginas aldinas (que, em última instância, são textos) e as de outros projetistas, as ilustrações são impressas sempre em negativo. Esse recurso singelo permite destacá-las claramente de nosso texto – dedicado a valorizar o desenho de outros livros –, facultando, além disso, a visão de aspecto quase invisível e de enorme importância publicitária: a contraforma. Entenda-se: aquilo que é antagônico à forma impressa – numa palavra, aquilo que não aparece no impresso –, embora decisivo para a configuração de um belo impresso, no que tange à sua forma. Tanto assim que, se examinarmos com atenção a contraforma de um livro, será o mesmo que tirar a prova dos nove de uma divisão, para comprovar se a operação se fez corretamente, ou uma radiografia para apreciar o esqueleto de forma translúcida.

Igualmente, o tipo e corpo de letra – que em geral passam despercebidos –, assim como a ordenação do conjunto, tornam-se assim mais evidentes, já que, numa página preta, que se destaca agressivamente da contígua, a percepção se volta de modo inconsciente para o que é branco, onde o olhar se concentra descansado.

Esse tratamento específico da forma tipográfica convencional possibilita também apreciar melhor as características formais de páginas como essas, cujo protagonismo monopoliza a letra, salientando os critérios de projetos que definem, por exemplo, as margens. No espaço branco ou suporte da impressão (o papel) as áreas que limitam a *mancha* impressa (a coluna de texto e as ilustrações) têm proporções muito especiais. As dos manuscritos, incunábulos e clássicos em geral, mais escrupulosamente fiéis às regras áureas (da divisão medieval de Villard de Honnecourt à Proporção Áurea renascentista, e desta às proporções de Le Corbusier), atingem uma superfície equivalente, aproximadamente, à mancha impressa, de modo que a parte *branca* e a parte *preta* são matematicamente iguais. Quando a proporção não é essa, costuma-se estabelecer 30% para as margens e 70% para a mancha. De todo modo, as relações mais frequentes das margens no tocante à página são: 2:3:4:6 para os áureos e 1:2:3:4, ou então

Introdução ❦ 29

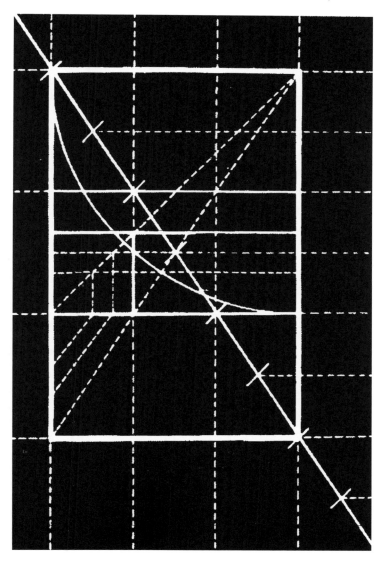

Definição da mancha e das margens da página de um livro, de acordo com as normas da Proporção Áurea.

1:1:2:3 para o resto (o primeiro número se refere sempre à margem da lombada; o segundo, ao alto da página; o terceiro, ao corte e o quarto, ao pé da página). Talvez não seja demais acrescentar que as proporções das margens dos livros atuais, sobretudo os de formato de bolso e similares, são insuficientes, geralmente indignas e bastardas.

Sem mais preâmbulo, partamos para a comparação de se o nascimento, crescimento e desenvolvimento do livro impresso, que já completou mais de quinhentos e cinquenta anos, conserva ainda algum fator genético daquele jeito de fazer próprio de Manuzio – jeito esse tão brilhante, eficaz e competitivo.

Um Processo Exemplar de Inovação Editorial

EM ANO EMBLEMÁTICO como foi 1492, quando Colombo iniciava seu descobrimento fabuloso e pessoal do continente americano, Aldo Manuzio dispunha-se também a colonizar outro recente descobrimento, não menos fabuloso: a imprensa. A coincidência cronológica de Colombo e Manuzio não apresenta outro mistério além da casualidade, mas essa curiosa coincidência de interesses (ambos quiseram ultrapassar os limites) recebeu o aval, sob um colorido anedótico, de pitoresca personagem que se uniu a tão insignes exploradores.

De fato, Fernando, filho natural do descobridor das Américas, era empedernido bibliófilo e em sua casa de Sevilha dispunha de uma das bibliotecas mais importantes da época, com perto de quinze mil volumes, entre os quais se incluía significativamente um sexto da produção aldina (exatos 26 livros, marcados cada um com o preço que Fernando Colombo pagou por ele)[1].

Os preparativos para essa viagem transcendental pelo continente inexplorado da cultura da letra impressa começaram a concretizar-se quando um sobrinho de seu amigo e protetor incondicional – o por sua vez jovem e nobre Giovanni Francesco Pico della Mirandola, um dos mais notáveis filósofos neoplatônicos

---

1. K. Wagner, "Aldo Manuzio e i Prezzi dei suoi Libri", *La Bibliofilia* n. 77, Florença, 1975.

de seu tempo – decidiu arriscar algum dinheiro para tornar realidade o sonho dourado de seu professor e amigo, sonho de que compartilhava plenamente.

Pôde assim Aldo converter-se em editor e, o que fascina mais, participar ativa e intensamente de uma aventura tipográfica apaixonante e sem precedentes, levada a cabo em Mogúncia (Mainz), alguns anos antes apenas, em 1450, e inspirada, entre outros, pelo célebre Gutenberg.

Faz, pois, cinco séculos que Manuzio pôs seu primeiro livro nas ruas. Posto assim, parece uma data remota – e deveras o é – mas, se atentarmos para o que observa o eminente polígrafo catalão Ramon Miquel i Planas em 1902, depois de refletir em profundidade sobre a evolução do livro impresso, a referência cronológica resume-se a mero apontamento histórico, sobressaindo-se em contrapartida e com força enorme o papel de pioneiro que lhe outorga essa antiguidade.

"Sob o aspecto material, o livro não foi além do que já era no tempo de Gutenberg. No que se refere à ilustração nada ou bem pouco pôde a arte acrescentar ao que aparece nos códices manuscritos e nos incunábulos impressos. Quanto aos tipos e à impressão, melhoraram-se os procedimentos, apuraram-se as matrizes, combinaram-se efeitos e consolidaram-se técnicas gráficas. Todavia, no incunábulo acha-se tudo que há de novo e talvez também o futuro"[2].

"Talvez também o futuro", dizia premonitoriamente o editor da erudita revista *Bibliofilia*. Quase cem anos depois de tão sábia ponderação, e antes do grande salto industrial da produção editorial como um todo, encontra-se o livro hoje numa situação empobrecida, para a qual seria mais que bem-vindo um punhado de Manuzios editores de incunábulos (recorda-se que esta palavra define os livros impressos antes de 1500).

---

2. R. Miquel i Planas, "Duración del Libro", *Revista Gráfica*, Barcelona, Institut Català de les Arts del Llibre, 1902.

Depois de um século XX de acelerada modernização, que presenciou o desenvolvimento mais espetacular da história, o livro não vai além do que foi em tempos de Gutenberg, se considerado somente o aspecto material e sem levar em conta os mínimos produtos interativos, de uma entidade física tão intangível quanto inverossímil.

Também o cientista Stephen Hawking insiste em que hoje "nosso poder cresce muito mais rapidamente do que nossa sabedoria". Se é assim (e parece mesmo sê-lo, sobretudo se atentarmos na velocidade com que se sobrepõem os equipamentos informáticos, por exemplo, que se obsoletam em poucos anos), evidencia-se que é justamente nos campos das ideias onde o livro menos mudou.

Embora possa parecer paradoxal, é hoje indiscutível que a lista de ilustradores de livros em cores seja ainda encabeçada pelo Beato Mayo de Liébana, monge do século VIII que, das terras de Santander, imaginava um jeito novo de visualizar o Apocalipse de São João, com o suporte das técnicas mais perfeitas da iluminura e da caligrafia de manuscritos que nos ensinaram aqueles povos, classificados sistematicamente nos livros de história sob o rótulo genérico e pejorativo de "bárbaros do norte".

De igual modo, no campo do livro tipográfico, e em que pese a evolução técnica que facilitou progressivamente projeto melhor e impressão mais apurada de livros de textos, os monumentos definitivos permanecem ainda os editados pelo excepcional gravador e impressor de Parma, Giambatista Bodoni, no neoclassicismo napoleônico do primeiro terço do século XIX.

Enfim, pelo menos no campo da criação formal – com o emprego de letra cursiva –, no instinto comercial – o formato de bolso – e no trabalho – sistema de encadernação –, os modelos estabelecidos por Manuzio não foram em nada superados, embora assim possa parecer a nossos míopes olhos contemporâneos. Nesse sentido – e se os benefícios coletivos da imaginação e da inteligência não são necessariamente cumulativos, tal qual a história se empenha constantemente em demonstrar-nos –, a proporção de virtudes e de achados, que o brilhante editor soube transportar tão esplendidamente para o papel impresso em sua oficina veneziana, haverá de ser-nos de grandíssima utilidade, sobretudo no momento presente. Um tópico literário, dos mais comumente admitidos, pode ajudar-nos a aceitar este ensinamento sem maiores reservas. Como se sabe, existe certa crença, bastante partilhada entre os escritores, de que não se pode falar de um grande romance se seu autor não tiver ultrapassado os quarenta anos de idade. Cumprindo à risca a profecia, Aldo Manuzio abre a casa editora em momento ótimo de sua vida intelectual e artística. Tem quarenta e cinco anos e em apenas vinte (senão quinze de atividade febricitante) criará obra de qualidade e quantidade tão excepcionais que atravessou são e salvo cinco séculos, permitindo-nos vê-la hoje com todos os fatores de inovação que permanecem absolutamente vigentes e intactos.

Manuzio é, claro, produto cultural estreitamente coerente com sua cidade de adoção, Veneza, potência artística formidável naqueles anos. Maior talvez que muitas grandes cidades atuais, com a licença que nos permite evitar por ora comparações odiosas, como, por exemplo, no campo do progresso tecnológico, plenamente favorável ao presente.

Vejamos algumas amostras. Enquanto Aldo frequenta a oficina de Andrea Torresani (sócio da viúva do grande Nicholas Jenson, francês absolutamente magistral na história da imprensa, atuando em Veneza de 1470 a 1482, e a quem Manuzio quase chegou a conhecer) com o propósito de aprender os princípios básicos da tipografia, Pietro e Tullio Lombardi constroem, por sua vez, a fantástica igreja de Santa Maria dei Miracoli (1481 a 1489), considerada uma das joias mais valiosas da arquitetura religiosa renascentista, alternando esse excelso trabalho com a reconstrução do Palazzo Ducal, parcialmente destruído pelo fogo anos antes.

Entrementes, Giovanni Bellini pinta algumas de suas obras--primas: a *Virgem com Santos* (1485), conservada na Galleria dell'

Academia, habilmente pintada com a revolucionária técnica a óleo, recém-ensinada a seus conterrâneos por Antonello da Messina. Segundo Vasari, "a doçura da luz banha uma composição rigorosa"[3], e certamente é uma das peças mais solenes da produção de Bellini, ao lado da versão do mesmo tema em forma de tríptico, que se destaca ainda hoje no complexo religioso inaugurado em 1492, em Santa Maria Gloriosa di Frari, verdadeiro panteão das glórias de Veneza.

Esses anos em que Manuzio luta para aperfeiçoar sua competência tipográfica são também os da eclosão de outro artista: Vittore Carpaccio. Nos anos de 1490 a 1496 ele pinta um ciclo impressionante e insólito na produção da época: nove telas monumentais, retratando a lenda de Santa Úrsula com tamanha competência que se converteu com o tempo no arquétipo da escola veneziana.

No mesmo ano em que Aldo lança no mercado seus primeiros livros – 1496 – Alessandro Leopardi conclui o pedestal da famosa estátua equestre do Condottieri Colleoni, deixada incompleta por Andrea Verrocchio vinte anos antes, e depois disso considerada peça emblemática da cidade dos canais. Ao mesmo tempo, Mauro Codosi ergue a delicada torre do relógio na renomada Praça de São Marcos e Giovanni Candi constrói a célebre escada em caracol do palácio Contarini del Bovolo.

Pouco depois de Manuzio ter fundado a preciosa Academia Aldina, e tendo acabado de produzir definitivamente a insólita coleção de bolso de clássicos greco-latinos, o colossal Carpaccio realiza sua segunda obra-prima: as famosas cenas da vida de São Jorge e São Jerônimo (1502-1507), que podem ainda ser vistas na pequena escola de San Giorgio degli Schiavonni.

Por essa época se constrói também a escola de San Rocco, a maior e mais rica de Veneza, que, sessenta anos depois, abrigará

---

3. G. Vasari, *Le vite dei piú Eccellenti Pittori, Scultori e Architetti*, Roma, Newton, 1993.

Rumā ueteres māmam dixerūt. M. Cato li. de liberis educā.
Hisce maibus lacte fit nō uino eumna ppter eunos rumie
propter rumā. 1. prisco uocabulo māmam : a quo fubrimi
etiā nunc dicuntur agni.
Reiculas oues: aut ætate aut morbo graues. Marcus Cato li
bro de liberis educandis : Et ut in grege opilio minus ido
neas oues remouere folet : quas reiculas appellat. Sæpe
enim unus puer petulans atq; impurus inquit gregem
pueror.

DE DICTIONIBVS AB.S.
LITTERA INCIPIENTIBVS.

Altuatim bellicatim. Sifenna historia
rum libro primo : Nos una ætate in afia
& græcia gesta litteris iccirco continentia
mandauimus : ne bellicatim ac faltua
tim fcribendo lectorum animos im
pediremus.
Scapum. Varro in marco: Mihiq; diui
tum ſtilo noſtro papyrino huiu ſcapo ſcapitio nouo par
tu poeticon.
Sutrinas a fuendo. Varro in Hercule ſocratico: Qui ſutrinas
facere iſcius: nihil homo agis.
Scabre. Varro i manio: Derelinquere q̄ perire ſic uale ſcabre
atq; alluuie & uaſtitudine.
Stringoſus apud ueteres morbus dicitur iumétoriū: qui corpo
ra ſtrigant aut fame aut alia uitii cauſa: quaſi ſtringoſus.
Maſunus ſcabrius libro. xvii. Cenſores inquit Publius Sci
pio Naſica & Marcus Pompilius: cum equitum cenſum
agētét: nimis ſtrigoſum equum & male habitum: ſed equi
tem eius uberrimum & humiliſſimum uiderunt.
Suſp.ioſū qui i ſuſpicione fit. Cato de re floriana: Sed fiqui

Nicholas Jenson, Peripatetica, *Veneza, 1476, in-fólio.*

cinquenta e seis célebres pinturas de Tintoretto, consideradas hoje uma das manifestações exemplares do maneirismo veneziano. Esses anos serão com certeza os de esplendor máximo da arquitetura do genial Andrea Palladio, que embelezou a cidade dos canais com os incomensuráveis e sucessivos templos de San Giorgio Maggiore, a Zitella e o Redentore.

Naquele ambiente extraordinário, os escritores, cientistas, filósofos e físicos – numa palavra, os intelectuais da época – deviam sentir-se como peixe n'água. Isso pode parecer redundância numa cidade plena de canais navegáveis; todavia, veja-se apenas o caso, seguramente incomum, relatado por Dazzi ao referir-se a um deles, Ermolao Barbaro, que encomendou ao mesmíssimo Giorgione, em 1505 (há quem diga 1506), um quadro para decorar sua biblioteca – quadro esse que se tornou famoso mundialmente com o intrigante título de *A Tempestade*[4].

Trata-se, sem dúvida, de uma das telas mais misteriosas da história da arte, com a qual se identificava gostosamente Salvador Dalí, existindo uma reprodução em local nobre de sua casa de Port Lligat. Terminada apenas três anos antes da morte prematura de Giorgione, levado pela peste e enaltecido apesar de seus trinta e quatro anos, o quadro se mantém escravo de sua impossível hermenêutica. Talvez o único ponto em que os céticos se põem quase unanimemente de acordo é quanto a lógica segundo a qual o rebuscado tema de *A Tempestade* só podia ser decifrado pelos membros do reduzido e sofisticado círculo de humanistas venezianos a que Giorgione estava intelectualmente ligado. Como também o esteve – sem dúvida – o próprio Manuzio.

Nesse sentido, uma frase do renomado crítico de arte Lionello Venturi pode resultar particularmente reveladora no tocante à natureza da obra, da própria incumbência de realizá-la e do local em que na origem ficou exposto: "As personagens, alheias a qualquer

---

4. M. Dazzi, *Aldo Manuzio e il Dialogo Veneziano di Erasmo*, Vicenza, Neri Pozza Editore, 1969.

Giorgione, A Tempestade, *Veneza, 1505.*

ação, participam da vida cósmica no mesmo estado de contemplação em que foram criados"[5].

Lembre-se que, justamente então, o conceito cosmológico achava-se na base da novíssima filosofia neoplatônica inspirada pelo florentino Marcilio Ficino e pelo amigo de Manuzio, Giovanni Pico della Mirandola, sendo partilhado pelos humanistas venezianos em geral e, ao mesmo tempo, pelos espíritos mais raros de toda a Europa.

Se, além disso, levarmos em conta os laços estreitados por Aldo com a família Barbaro, integrante então da elite social e cultural da cidade[6], podemos concluir sem grande erro que muito provavelmente os livros de Manuzio e a pintura imortal de Giorgione conviveram na confortável e fantástica atmosfera da biblioteca particular de Almoró (ou Ermolao), nos tempos gloriosos em que a convivência com a cultura era prioritária para a ilustrada cidade de Veneza.

Doutra parte, a biblioteca do próprio Manuzio, abarrotada de manuscritos gregos, era também de considerável importância (elogiada por Erasmo de Rotterdam) e destaca a condição de intelectual e erudito do célebre impressor; os livros de gramática que escreveu sublinham o homem de letras; e as aulas particulares e públicas que ministrava aos filhos dos colegas (como, por exemplo, aos sobrinhos de Pico e ao filho natural de Barbarigo), evidenciam o professor de grego.

Nada obstante, o presente livro analisa Aldo Manuzio apenas como editor, tipógrafo e livreiro, atividades a que se dedicavam quase todos os que nesse período imprimiram livros. Acionar concentricamente essas três forças foi a combinação mágica que

5. L. Venturi, *Come si Comprende la Pittura*, Turim, Giulio Einaudi Editore, 1975. Existe edição castelhana: *Cómo Entender la Pintura*, Barcelona, Ediciones Destino, 1988.
6. P. Scapecchi, *Aldo Manuzio i suoi Libri, i suoi Amici tra XV e XVI Secolo*, Florença, Octavo Franco Cantini Editore, 1994.

a industrialização e a divisão do trabalho acabaram desarticulando pouco a pouco através dos séculos, com a ideia utópica de melhorar o produto e com os resultados já conhecidos: hoje o editor não é editor, o impressor não é impressor e o livreiro não é livreiro, e as exceções que, como é praxe, confirmam a regra, são *avis rara* em via de extinção, suplantadas por executivos agressivos e particularmente adeptos do *marketing* onipotente.

De modo progressivo e ao mesmo tempo imperceptível os editores transformaram-se em vendedores. Como é natural, buscam trazer para o negócio técnicas e estratégias de venda as mais competitivas possível, com o objetivo plausível de otimizar os estreitos mecanismos da comercialização tradicional de livros. Alguns incorporaram na empresa vários peritos nessas matérias extraliterárias, e outros foram particularmente dando preferência a tais aspectos, ao invés de fazê-lo aos estritamente literários ou artísticos.

O resultado mais chocante da transformação do setor é que os valores pragmáticos – absolutamente legítimos – são hoje prioritários, embora às vezes moralmente condenados por autores que ousam suspirar com heroísmo pelos velhos tempos, e em geral coincidem com situações de grande euforia ou contração, como soem ser os escândalos que tão frequentemente ocorrem em torno dos prêmios literários, gerando afirmações do tipo: "Antigamente os editores achavam que desenvolviam atividade cultural e não apenas comercial"[7].

Obviamente, tais comentários aludem ao século xv. Ao contrário, esse é aspecto determinante na metamorfose experimentada pelo editor do fim do século xx, em que pese tratar a maioria de dissimulá-lo o quanto pode. Aparentemente, apenas um editor o admite com orgulho, escudado pelos resultados favoráveis de sua impressionante biografia (trata-se do presidente do maior grupo editorial espanhol), pois declarou há algum tem-

---

7. "Entrevista a Joan Perucho", *El País*, Madrid, quinta-feira, 12 de janeiro 1995.

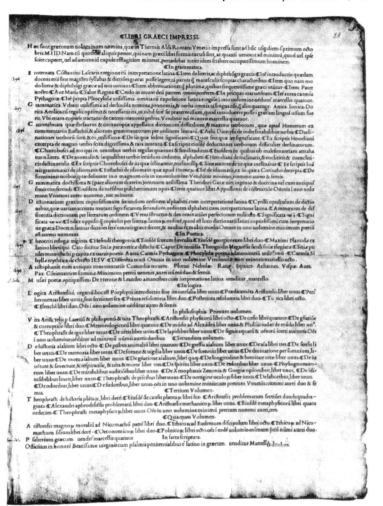

Aldo Manuzio, Catálogo de Livros Gregos, *Veneza, 1498*, in-fólio, 245 x 357 mm.

po aos jornais que nunca se considerou editor de livros, mas sim mero vendedor de livros.

É evidente que o êxito editorial colhido por José Manuel Lara avaliza, há muitos anos, a eficácia dessa política, a ponto de convertê-la em paradigma de uma transformação radical – e por certo inevitável – da poderosíssima indústria do livro.

Todavia, essa transformação careceu de abrir mão, infelizmente, da sábia e bela harmonia renascentista, construída com a proporção equilibrada dos três conhecimentos básicos, perenes e inerentes ao venerável ofício: os do editor, os do tipógrafo e os do livreiro.

Considerando que nos reportamos ao final do século xv, retrocedamos aos tempos pré-industriais. Vejamos brevemente, quase à maneira de mural, as inovações mais espetaculares que Aldo Manuzio trouxe para o empreendimento editorial em apenas quinze anos – até 1515 – atuando modestamente como editor, tipógrafo e livreiro, numa sinergia sem dúvida impensável, não só em seu tempo mas ainda hoje.

É um decálogo de dimensões – e de consequências – quase bíblicas (no sentido etimológico da palavra livro, que é *biblos*), que se foram agregando, desagregando e reintegrando, num processo secular ritmado de vaivém, e que, com o tempo, a atividade de edição tornou suas de forma orgânica, sem reconhecer autorias pessoais, como ocorre com tudo que é lógico, razoável e deveras decisivo.

Para começar, em se falando do editor, destacam-se:
1. Lista de títulos inéditos, especialmente os clássicos greco-latinos, selecionados com critério insuperável, excepcionais e oportunos.
2. Perfeição editorial também extrema, inédita para a época – e mesmo hoje, se quisermos ser sinceros –, com traduções, comentários e edições a cargo dos espíritos mais refinados daquele tempo.

3. A fundação da Academia Aldina, também chamada Neoacademia ou Academia da Fama; conselho editorial deslumbrante, formado de trinta e dois sábios e eruditos escolhidos no melhor celeiro da Itália e da Europa.

Em contrapartida, se olharmos o tipógrafo, impõe-se reconhecer-lhe:

4. O descobrimento pessoal do tipo cursivo, inclinado, chanceleresco, bastardo, itálico ou aldino – tem recebido todos esses nomes – com uma aceitação ecumênica e fulminante.

5. O achado do formato de bolso (*Libelli portatiles in formam enchiridii*, lia-se num catálogo de livros publicado em 1503)[8].

6. A extraordinária novidade da lombada plana.

7. A criativa substituição da madeira pelo cartão nas capas dos livros, o emprego do pergaminho de cabra e a gravação nele com ouro aquecido.

Por último, se examinarmos a ação do livreiro, devemos creditar-lhe:

8. A primeira edição de catálogo com a relação de obras publicadas e respectivos preços.

9. O agrupamento de livros, pela primeira vez, numa única série ou coleção.

10. O valor de troca do grego e do latim num mercado potencial e internacional como era o da Europa humanista de seu tempo.

Algumas dessas inovações conservam-se na rotina de hoje, como ele as deixou; outras, desbragadamente piores; algumas, quem sabe, podem ter melhorado. No tocante ao setor editorial, a discussão se fere noutra esfera, fomentada pelos editores de livros que atribuíam considerável significado cultural ao projeto (em

8. H. Omont, *Catalogues dels livres grecs et latins imprimés par Alde Manuce a Venise*, Paris, Emile Bouillon Éditeur, 1892.

franca decadência), e os vendedores de livros, que lhe dão bem pouca importância, apenas a estritamente necessária para não deixar as capas vazias, produzindo-as, no entanto, o mais parecidas possível com as da concorrência (estes sim, em franco progresso). E sabe-se que em projeto as leis do mercado não permitem demasiado refinamento quanto a inovações e racionalidade, e se os que desaparecem foram por certo tempo – com maior ou menor esforço – adeptos da neofilia, os recém-chegados parecem ser, infelizmente, portadores da neofobia.

Em circunstâncias tão delicadas e a cem anos da mui lúcida premonição formulada pelo insigne Miquel i Planas, vaticínio muito mais antigo continua a perturbarmos, acima de tudo pela coragem e convicção com que o pronunciou Domenico Maria Manni – o primeiro biógrafo de Aldo Manuzio – há nada menos de duzentos e cinquenta anos atrás:

"Desde que começou a fazer livros, não teve rival e, por mais que dure o mundo, arrisco afirmar que jamais surgirá quem o iguale, e menos ainda quem o supere."[9]

9. D. M. Manni, *Vita di Aldo Manuzio*, Veneza, 1759.

Aldo Manuzio, Editor

CURIOSAMENTE, AQUELE exigente professor de grego lançou-se à edição de livros com convicção próxima da profecia. Dazzi, um de seus biógrafos, expressa-o claramente: "nunca foi editor rotineiro nem comercial; em tudo que fez há sempre algo original, necessário e oportuno"[1]. Dir-se-ia predestinado já de berço: nascido quatro ou cinco anos antes da invenção da imprensa, tinha inato o sentido mais profundo e sutil da editoração moderna. Mas, assim como o valor de um governante aumenta entre os cidadãos na medida direta de sua capacidade de iludi-los com um programa de governo por sua vez suscetível de realizar-se, de igual modo o valor de um editor – profissional ou *amateur* – concentra-se na lista de títulos que conseguiu pôr ao alcance dos leitores; e, além disso, garantido, neste caso, por um êxito imediato, que lhe possibilitou levar a cabo, rigorosamente, o programa previsto.

Como definir semelhante talento editorial? Através do critério adequado, do tino ou de instinto afinado? Um bom editor deve possuir, sem dúvida, essas qualidades, em que pese o programa de publicações de Aldo Manuzio falar *de per si*. Sua obra, com cerca de 150 títulos, não tem descartes, se comparada com

[1]. M. Dazzi, *Aldo Manuzio e il Dialogo Venziano de Erasmo*.

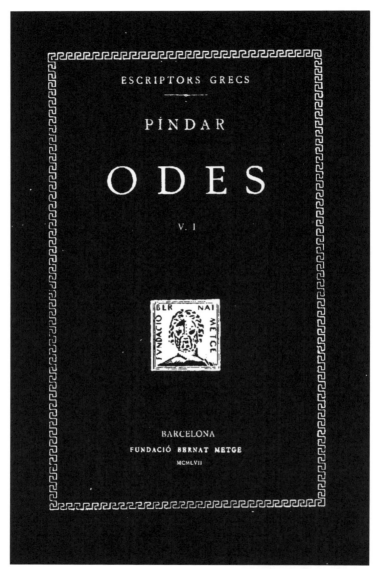

Coleção de clássicos gregos da Fundação Bernat Metge, Barcelona, *1923*, in-quarto, *140 x 220 mm.*

outro qualquer catálogo antigo, presente ou futuro, segundo se pode apurar no apêndice "Livros, Opúsculos e Catálogos Publicados por Aldo Manuzio", ao final deste volume, em que se tem a relação completa. Convém frisar que muitos de seus livros, editados no princípio do século xvi, poderiam ser perfeitamente reeditados mesmo hoje. Afortunadamente publicam-se ainda livros como esses e, por ora, o futuro da espécie não corre perigo demasiado grave. Entretanto, desde a excepcional coleção de clássicos da Fundação Bernat Metge, criada em 1923 pelo insigne político Francisco Cambó, passando pela da Editorial Gredos, fundada em 1944 e assessorada por Dámaso Alonso, ninguém nem de longe superou a suprema categoria editorial da coleção mais popular, lançada por Manuzio entre 1501 e 1515, dos clássicos greco-latinos, em edição de bolso! E falar aqui da qualidade formal e tipográfica exibida por seus livros de formato maior – absolutamente excepcionais – seria, por assim dizer, covardia: quase questão de mau gosto.

Diante de personalidade intelectual e estética tão monumental como a do editor veneziano, os parâmetros atuais parecem impotentes, acostumados que estamos a medir os esforços coletivos plausíveis – e sempre superficiais – de escolaridade, alfabetização e bem-estar gerais, característicos sobretudo do mundo ocidental, e estimulados basicamente por interesses comerciais, ornados de modo duvidoso pela incrível evolução da mais sofisticada, e por vezes vazia, tecnologia.

Fez-se já a advertência quanto às credenciais que distinguiam os bons editores dos medíocres. São, principalmente, as outorgadas pelos títulos publicados durante determinada experiência editorial – breve ou longa. Pode acrescentar-se a isso a qualidade da edição ou a escolha de autores, conselheiros, colaboradores e amigos. Em síntese: o que se rotula hoje tão apropriadamente (e tão esportivamente) de "equipe".

Como editor, Manuzio foi o primeiro a tomar uma série de iniciativas, cada uma das quais bastaria para aferir-lhe um nicho na história dos grandes editores. Publicou a obra completa de Platão e de Aristóteles; contratou com exclusividade – por mais de um ano – autor do porte de Erasmo de Rotterdam (o mais famoso humanista do seu tempo); pôs em circulação uma coleção de bolso absolutamente inédita, com grande êxito de vendas, e com mais de cinquenta títulos de primeiríssima ordem; fundou incrível círculo de trabalho – a Academia Aldina –, formada por três dezenas de sábios conselheiros, assessores e colaboradores, os mais deslumbrantes da história universal da produção editorial antiga, moderna ou contemporânea, jamais reproduzido com tamanha ambição, dedicação e bom critério.

Entretanto, para enquadrar a figura de Aldo Manuzio em proporções humanas, vejamos como se encaixaria ele, por exemplo, no capítulo dos editores-editores históricos, numa verificação meramente episódica, que se repetirá nos capítulos seguintes, ao se tratar dos editores-tipógrafos e dos editores-livreiros.

Os editores-editores poderiam ser representados, com toda dignidade, pelos franceses Pierre Larousse (notável gramático de sua época), Auguste Garnier e Bernard Grasset; pelos ingleses Jonathan Cape e Harold MacMillan (herdeiro político de Churchill e primeiro-ministro em 1959); ou então pelo alemão Peter Suhrkamp ("editor, escritor e mestre"[2], como o definia Hermann Hesse, em comovido necrológico, com retórica curiosamente semelhante à usada por Erasmo de Rotterdam à morte de Aldo). Na Espanha, essa honra poderia ser partilhada por José Espasa, por seus cunhados Manuel e Miguel Salvat, por Nicolás María Urgoiti, fundador de Calpe, ou por Gustavo Gili entre os antigos, e por Carlos Barral, José Ortega Spottorno e, talvez até por Miquel Alzueta entre os contemporâneos.

Todos eles provinham da chamada edição clássica, e são definidos tradicionalmente pela história editorial como homens de

2. S. Unseld, *Der Autor und sein Verleger. Vorlesungen in Mainz und Austin*, Frankfurt, Suhrkamp Verlag, 1978. Existe edição castelhana: *El Autor y su Editor*, Madrid, Taurus Ediciones, 1985.

Erasmo de Rotterdam, segundo água-forte de Albrecht Dürer, Nuremberg, 1526.

instinto e cultura, sendo este, quem sabe, o retrato psicológico que melhor espelhe tão notável humanista. Não é por certo resultado do mais puro instinto a ideia genial de embasar todo um programa editorial em obras clássicas (editadas em grego com tradução latina), no qual a duras penas confiavam os reduzidíssimos círculos de eruditos neoplatônicos?

Não será ainda o instinto que leva Aldo a acreditar que o formato de bolso há de ser um êxito não só para estudantes, como também para os nobres e as cortesãs que se aproveitariam dos livros para presentear-se mutuamente e fazer dele um tipo de jogo secreto da cultura?

Terá sido instinto ou cultura o que o levou a editar apenas um livro ilustrado, o célebre *Hypnerotomachia Poliphili* (*O Sonho de Polifilo*), convertendo-o em referência obrigatória do gênero?

Não é preocupação cultural criar do nada a Academia Aldina, a "cátedra" que examinaria com o máximo de rigor e acerto os textos mais adequados para publicá-los sob o responsável selo da âncora e do delfim?

Muitos anos deviam transcorrer antes de responder-se afirmativamente a tais perguntas. Nascido por volta de 1450 em Bassiano di Sermonetta, perto de Velletri, na comarca romana do Lazio, Aldo Manuzio reside inicialmente em Roma, onde conhecerá Scipione Fortiguerra – futuro membro da esplendorosa Academia Aldina e um dos mais fiéis colaboradores da tipografia – e a educação clássica, que completará mais tarde em Ferrara. Estudou com professores de comprovada competência, partilhando o aprendizado aos 25 anos com um adolescente de doze, nobre e superdotado, que discutia acaloradamente com seus mestres de história e filosofia e que, poucos anos depois, agiria decisivamente sobre o destino de Aldo: Giovanni Francesco Pico della Mirandola.

De fato, no que concerne aos interesses exclusivos da cultura impressa, é preciso salientar, em 1482, o estalar de oportuna (e doutro lado, assaz repetida) guerra entre Veneza e Ferrara, episódio desagradável que obrigou Manuzio a refugiar-se no castelo de Mirandola, próximo de Modena, a convite do amigo e colega com quem há pelo menos sete anos repartia gratamente amores platônicos pela língua e literatura gregas.

Foi quando começou a considerar, desta vez seriamente, a velha ideia de fazer-se editor para poder oferecer definitivamente a estudantes e estudiosos produtos literários e linguísticos de primeira qualidade, em lugar das péssimas traduções, impressões e edições que, desde seus tempos de estudantes, atormentavam a ele e a Pico.

Infelizmente, o brilhantíssimo filósofo e teólogo, que principiava a escrever no castelo sua grande obra, não veria a magnífica realidade do sonho aldino, pois morreu em 17 de novembro de 1494, pouco depois de abertas as portas da histórica tipografia, de certo modo amparada por ele.

Recorde-se que Manuzio iniciou suas atividades editoriais em fins de 1494, talvez em setembro, e que Pico passou por Veneza em 1491, em companhia de um emissário de Marsilio Ficino – ninguém menos que o eminente erudito Angelo Poliziano, um dos futuros colaboradores de Aldo –, com o propósito de localizar manuscritos para a biblioteca de Medici. Gravemente enfermo, permaneceu confinado no palácio em que o acomodaram (o futuro Fontego dei Turchi), impossibilitado de ver o amigo e colega querido, que trabalhava com afinco nas prensas, antes pertencentes ao grande Jenson, na oficina de Torresani[3].

Os dois anos que Manuzio passou no castelo de Mirandola foram, pois, dos últimos na vida de seu amigo, eminentíssimo humanista neoplatônico de extraordinária audácia intelectual, na opinião dos críticos – que influenciaria e animaria Aldo de maneira decisiva. Parece que foi graças à generosidade e entusiasmo do nobre Pico que o tempo passado em sua companhia se con-

3. M. Zorzi, *Aldo Manuzio e l'Ambiente Veneziano 1494-1515*, Veneza, Il Cardo, 1994.

verteu em fecundíssima atividade preparatória, relacionada direta e indiretamente com o projeto editorial por vir.

De um lado, incumbir-se da instrução dos dois sobrinhos: Alberto (que logo se converterá em seu mecenas) e Leonello – filhos de uma irmã de Pico, viúva do príncipe lombardo de Carpi –; de outro, participar das frequentes e restritas tertúlias helenísticas – que foram a fraqueza intelectual dos dois amigos – organizadas no castelo e às quais acorriam sábios e eruditos, fugidos da Grécia depois de Bizâncio.

Ambas iniciativas, pagas pelos herdeiros do príncipe e acolhidas na pequena corte aristocrática de Mirandola – e, devido à guerra emergente, instalada no próprio castelo –, foram fundamentais para a inspiração da qual se nutriria a futura tipografia aldina, e até para a metodologia que nortearia seu trabalho editorial.

O entusiasmo de Pico pelo projeto cultural do amigo e condiscípulo tinha por certo que ser enorme, pois chegou a oferecer-lhe financiamento ao seu negócio e parte do castelo onde instalasse a própria oficina gráfica.

Tamanha generosidade confunde Manuzio, embora insista em permanecer em Veneza, seduzido sem dúvida pela atividade febril de uma cidade fascinante, convertida desde 1482 em capital mundial da tipografia[4], e também porque ali "se estabelecera a colônia mais numerosa de exilados gregos, onde parece ter encontrado revisores e caixistas"[5].

Outra boa razão para fixar-se em Veneza terá sido a justa fama adquirida pelo círculo intelectual de venezianos de prestígio tão elevado como os que se reuniam à volta de Ermolao Barbaro, filólogo e sobrinho do duque de Veneza. Terceiro motivo, enfim, a atração da fabulosa biblioteca que este possuía no seu palácio, uma das mais ricas da cidade, ao lado da dos Bembo, futuros sócios, amigos e colaboradores de Aldo. Justamente na biblioteca

4. N. Postman, *La Desaparició de la Infantesa*, Vic, Eumo Editorial, 1990.
5. L. P. V. Febvre & H. G. Martin, *L' apparition du livre*, Paris, Albin Michel, 1971.

do poeta Pietro Bembo, Manuzio encontrou o legendário manuscrito autógrafo de Francesco Petrarca, que dizem ter utilizado para compor a primeira publicação da história em tipografia cursiva, editada em 1501[6].

De 1469 a 1515, isto é, desde que Giovanni da Spira imprimiu em Veneza o primeiro livro (*Cartas Familiares* de Cícero, manuscrito que o mesmo Petrarca descobrira um século antes e que doou à cidade de Veneza com toda a sua magnífica biblioteca), até a morte de Manuzio, inventariou Castellani 750 tipógrafos na cidade, com suas respectivas oficinas. Para que se tenha ideia do negócio editorial dessa época, basta considerar os números, suficientemente eloquentes: o crescimento será espetacular em trinta anos, contando duzentas tipografias; nos primeiros quinze anos do século XVI a febre não passa, registrando-se crescimento de 25%, com cinquenta novos estabelecimentos[7].

A saudável epidemia tipográfica espalhou-se pela Europa com velocidade que poderia parecer inusual para a época; cinquenta anos depois de consumado o invento, já se haviam impresso mais de oito milhões de livros. Por volta de 1480, 410 cidades de seis países europeus tinham tipografia, embora a maior parte na Itália, que figurava com oitenta cidades[8], como se houvesse usurpado a invenção da Alemanha. Já frisamos que a cidade em destaque da Itália era, de longe, Veneza.

A primazia de reunir peritos e apaixonados helenistas no círculo de nobres de Carpi, como o próprio Aldo, e a chusma de gregos eruditos que povoou Veneza naqueles anos são fatores determinantes para induzi-lo a formar o que se chamou de Academia Aldina.

Já vimos como, de certo modo, a ruidosa precocidade que acompanhou Pico della Mirandola em sua curta vida permitiu-

---

6. M. Dazzi, *op. cit.*
7. P. Scapecchi, *op. cit.*
8. A. Labarre, *Histoire du livre*, Paris, Presses Universitaires de France, 1970.

Domus ut ,ppugnacula & pŗdiũ habeat Philitiõ dicetis.Et ueſi tabellarios
inſtituatis certos:ut quotidie aliquas a nobis litteras accipiam Maxime aũt
date operã ut ualeatis:ſi uos uultis ualere.Octauo kl.forinis.

I N maximis meis doloribus excruciat me ualitudo Tulliŗ noſtrŗ.De
qua nihil eſt quod ad te plura ſcribam.Tibi enim ŗque magnŗ curŗ eſſe certo
ſcio:q̃ me propius uultis accedere uideo ita eſſe faciẽdũ & iam ante feciſſem
ſed me multa impediuerũt quŗ ne nũc quidẽ expedita ſunt.Sed a Pòponio
expecto lrãs quas ad me q̃primũ pferendas cures ueli.Da operã ut ualeas.

I N tuſculanũ nos uenturos putamus aut nonis aut poſtridie ibi fac ut
ſint oía parata.Plures enim fortaſſe nobiſcũ erunt & ut arbitror diutius ibi
còmorabimur. Labrũ ſi in balneo non eſt.fac ut ſit.Item ςtera quŗ ſunt ad
uictum & ualitudiné neceſſaria.Vale.iiii.kl.Octobris de uenuſio.

S I uales bene eſt ego quidẽ ualeo.Da operam ut coualeſcas:quod opus
erit ut res tẽpuſq; poſtulat:,puideas atq; adminiſtres:& ad me de oibus rebus
q̃ſŗpiſſime lrãs mittas.Vale

S I uales bene eſt ego qdẽ ualeo.Nos quotidie tabellarios urõs expecta
mus qui ſi uenerit fortaſſe erimus certiores qd nobis faciẽdũ ſit.Faci
emuſq; te ſtatí certiorẽ.Valitudiné tuã cura diligenter.Vale.kl.Septẽbris.

S I uales bene eſt ego quidẽ ualeo.Redditŗ mihi tandem ſunt a Cŗſare
litterŗ ſatis liberales:& ipſe opinione celerius ueturus eſſe dicitur. Cui utrũ
obuiam procedã:an hic eum expecté cum cõſtituero faciam te certiorem.Ta
bellarios mihi ueli q̃primũ remittas.Valitudiné tuam cura diligẽter.Vale.
Datum pridie kl.ſextilis.

S I uales bene eſt ego quidẽ ualeo. Nos neq; de Cŗſaris aduẽtu:neq; de
litteris quas Philotimus habere dicitur quicquã adhuc certi habemus
Si quid erit certi faciam te ſtatim certiorem.Valitudinem tuam fac ut cures
Vale.iii.Idus ſextilis.

T ſi non dubie mihi nũciabat̃ parthos tranſiſſe euphratẽ
cũ oibus fere ſuis copiis:tamen q̃ arbitrabar a M.Bibu
lo ,pconſule:certiora de his rebus ad uos ſcribi poſſe:ſta
tuebam mihi non neceſſe eſſe publice ſcribere ea:quŗ de
alterius ,puitia nũciarēt̃. Poſtea uero q̃ certiſſimis aucto
ribus:legatis:nũtiis: lris ſum certior factus:uel q̃ tanta
res erat uel q̃ nõdũ audieramus Bibulũ in ſyriã ueniſſe:

Giovanni da Spira, Cartas Familiares, *Veneza, 1469, in-fólio.*

-lhe tentar em Carpi experiência semelhante à vivida em Florença, onde frequentara a Academia Platônica, criada por Marsilio Ficino, filósofo mais importante e mais considerado do que o era então o jovem Pico.

Como a descreve o eminente iconólogo Erwin Panofsky, a Academia Platônica era na realidade "um grupo seleto de amigos reunidos como prova de amizade mútua, com a inclinação comum pelo engenho e cultura humanísticos, com veneração quase religiosa por Platão e com admiração extremada pelo venerando sábio que a fundara. Uma combinação de ateneu, seminário de pesquisa e seita, mais do que Academia no sentido moderno da palavra"[9].

Em 1499, três anos depois da morte de Ficino, nasce a Neoacademia de Aldo, talvez como forma de respeito e reverência ao mestre (se a criasse quando este vivo, poderia parecer concorrência desleal), e quiçá também como testemunho de admiração, com a intuição clara de continuar ampliando o caminho aberto pelo filósofo em Florença.

A Neoacademia, como a chamavam, começou a atuar com um ideário neoplatônico assaz parecido na forma – embora não no conteúdo – ao anterior florentino. Para Aldo, sua finalidade precípua era, como em tudo que fazia, concreta e pragmática: tratava-se de resolver os problemas primordialmente filológicos, suscitados por aquele tipo de edições, buscando alcançar o mais amplo consenso entre os espíritos cultos e eruditos que a formaram, com o propósito de publicar, dentro do maior rigor e beleza possíveis, os textos clássicos gregos com os quais Aldo sonhava há anos, para "renovar a sociedade através da cultura"[10].

Altruísmo certamente admirável, que o fez por vezes lamentar as obras que publicou, sem exceção, apesar do largo êxito da maioria delas, porque não lograra atingir, a seu ver, a mui nobre aspiração de perfeição em nenhum dos livros editados.

9. E. Panofsky, *Studes on Iconology*, New York, Harper & Row, 1962. Existe edição castelhana: *Estudios de Iconología*, Madrid, Alianza Editorial, 1972.
10. M. Dazzi, *op. cit.*

Reunidos regularmente em sua casa, junto da tipografia instalada perto da igreja de Santo Agostinho (no bairro dos tipógrafos), os trinta e dois acadêmicos costumavam discutir com erudição apaixonada os textos que se propunham editar, os manuscritos mais adequados que se deviam consultar para assegurar a melhor versão e os critérios mais oportunos a seguir; foram deliberações lendárias nas quais escolhiam um livro de autor – um por mês – entre mais de mil volumes consultados, segundo a nota descritiva que consta no prefácio do Eurípides, publicado em 1505: *Mille et amplius alicuius boni auctoris volumina singulo quoque mense emittimus ex Academia nostra*[11].

Apesar da relativa indiferença com que possamos ler hoje aqueles nomes, será bom oferecer sua identificação completa[12], porque se tratava de mentes privilegiadas, algumas das quais colaborariam na editoração com maior intensidade, assinando obras próprias, traduções ou edições. Na bibliografia aldina que se oferece ao final deste volume aparecem esses nomes para quem deseja consultar as vezes e as funções que desempenhou cada um deles.

Para começar, quase um terço eram venezianos, incluindo o próprio Aldo e o príncipe Alberto Pio de Carpi (que atuava como conselheiro áulico), encabeçados pelo intelectual mais brilhante da comarca e futuro cardeal, Pietro Bembo, filho de político e diplomata de grande prestígio, que chegou a secretário do Papa Leão x, bem como o insigne professor Egnazio Battista Cipelli (a quem Aldo acolhe em sua casa) e Andrea Navagero, Angelo Gabrielli, Paolo Canal, Daniele Renier, Pietro Alcionio, Alessandro Bondini (Agathemero), Marco Molin e Nicola Giudeco.

De outros Estados italianos provinha perto do segundo terço, com outro cardeal à vista, a quem também hospedou em sua casa: o grande helenista Girolamo Aleandro da Motta. E pensadores im-

---

11. M. Dazzi, *op. cit.*: "De nossa academia editamos a cada mês mais de mil volumes de algum bom autor" (trad. João Angelo Oliva Neto).
12. C. Castellani, *La Stampa in Venezia dalla sua Origine alla Morte di Aldo Manuzio*, Veneza, Ferdinando Ongania Editore, 1889.

Aldo Manuzio, Leis da Neoacademia, *Veneza, 1499/1500, in-fólio.*

portantíssimos como o foram Giovanni Giocondo (fra Giocondo), Scipione Fortiguerra (Carteromaco), seu antigo companheiro de escola em Roma, a quem igualmente hospedou; Girolamo Aranzi e Francesco Roseto; o preceptor de Leão x, Urbano Bolzanio (Frei Urbano); Gabriello Braccio (Brazichellensis), Benedetto Tirreno, Giovanni da Lucca e o célebre médico Girolamo Menochio.

Outra terceira parte, enfim, eram gregos, com um novo hóspede: o cretense Marco Musuro, professor também dos príncipes de Carpi, que chegou a arcebispo, e seus conterrâneos Giovanni Gregoropoulo (Giovanni Cretesi) e Demetrio Ducas (que iria a Alcalá de Henares contratado pelo Cardeal Cisneros para cuidar da parte grega da complicada elaboração da famosa Bíblia "poliglota"); e os gregos Aristóbulo Apostólio, e o calígrafo Giovanni Rosso, Giustino Decadio e seu primeiro autor e quinto hóspede, Constantino (Giovanni) Lascaris.

É uma lista realmente impressionante, à qual se deveriam acrescentar alguns colaboradores constantes como o erudito Marino Sanudo, o tipógrafo Andrea Torresani – sócio capitalista de Aldo e seu futuro protetor político – e seus dois filhos mais velhos, Francesco e Federico. Além, naturalmente, dos grandes "destaques" internacionais: a estrela de Rotterdam, Erasmo, e o inglês Thomas Linacre.

Desnecessário dizer que em nenhum outro momento da história do livro impresso existiu conselho editorial permanente tão numeroso nem tão repleto de estrelas cintilantes como o que conseguiu organizar – e, o que é mais difícil, fazer funcionar – Aldo Manuzio, editor do passado, do presente e talvez do futuro, ideal para o Renascimento, como o teria sido para a Revolução Industrial e, muito provavelmente, como poderia sê-lo também para o hoje remoto ano 3000.

Com a coerência e solenidade esperada de grupo de sábios como aqueles, a Academia Aldina redigiu a ata constitucional em grego, num documento intitulado *Leis*, que Manuzio imprimiu, lógico, em formato in-fólio de quatro páginas no ano da fundação de 1499. Algumas das "leis" da Neoacademia mostram que esses eruditos não estavam necessariamente desprovidos do sentido de humor, como se depreende de sua leitura: "Nas sessões não será permitida falar outra língua que não seja o grego. Se algum de nós o fizer, será multado imediatamente em quantia a ser paga no ato, sem deixar para o dia seguinte ou além. Quem não pagar hoje, pagará amanhã em dobro; e se não o fizer, no terceiro dia pagará o quádruplo, e assim sucessivamente. Então, quando houver dinheiro em caixa suficiente para pagar um banquete, delegar-se-á ao senhor Aldo para que o providencie esplendidamente – e não como costumam fazer os tipógrafos – à altura daqueles que, sonhando com a Academia Aldina, a instituímos segundo Platão"[13].

Ignora-se se a lei foi quebrada em ocasiões suficientes para propiciar ágapes com as características platônicas que imaginavam, entre outros, os futuros cardeais e arcebispos do grupo, onde, à imitação dos simpósios clássicos, liam poemas. O que se infere da "lei" é a lendária mesquinhez de caráter corporativo atribuída aos tipógrafos da época.

Um dos membros mais preclaros do grupo, Erasmo, o humanista ecumênico de Rotterdam, fez desta pitoresca marca corporativa caricatura num de seus famosos *Diálogos* ("A Sórdida Opulência"), inspirado na frugalidade das comidas e refeições que lhe serviram durante mais de um ano, na casa do sogro e sócio de Aldo, o tipógrafo Andrea Torresani[14]. A bem da verdade – sem intenção, está claro, de contradizer Erasmo –, poder-se-ia conceder certo atenuante a esse bom tipógrafo, já que, entre filhos e familiares, operários e colaboradores da oficina tipográfica de Aldo e da dele próprio, sentavam à mesa, habitualmente, trinta e três comensais a quem hospedava, apertados, pois o próprio Erasmo careceu de dividir espaço com Girolamo Aleandro.

13. M. Dazzi, *op. cit.*
14. *Idem.*

Por trás do brilho desse primeiro círculo refinadíssimo de eruditos italianos, distribuídos em seções e escolhidos entre pensadores, cardeais, bispos, arcebispos e doutores em medicina, encontravam-se os sábios helenistas, alguns deles repescados no seio dos chamados Padres da Igreja (isto é, eminentes escritores eclesiásticos dedicados a edificar dogmas ou semear doutrinas), fugidos da queda de Constantinopla e da gradual conquista do Império Ocidental pelos turcos, estimulados pelo seu jovem e feroz caudilho Maomé II. Um deles, precisamente o futuro arcebispo Marco Musuro, foi dos mais ativos colaboradores de Aldo nas tarefas editoriais.

Naquele tempo, o êxodo de sábios e eruditos gregos não se deveu apenas à expansão militar otomana. A isso também contribuiu, de modo indireto, a Igreja católica, apesar da prudência com que o Papa Eugênio IV convocou o Concílio Ecumênico de 1438 em Ferrara e Florença (começou em Ferrara e encerrou-se em Florença, após quatro anos). Desde o cisma do Ocidente, foram todas as precauções insuficientes para restabelecer a sagrada união greco-latina, rompida em 1059, a tal ponto que, nessa ocasião, parece que não houve acordo por culpa do Espírito Santo, apesar de ter este iluminado o quanto pôde aos gregos que se refugiaram na Itália e muito particularmente aos que preferiram Veneza.

Quiçá por intercessão do mesmo Espírito Santo terá sido possível a muitos permanecerem na cidade do Adriático, situada diante das costas do Oriente, contemplando confortavelmente dali a sua amada Grécia, abandonada à própria sorte, desde que em 29 de maio de 1453 perdera a independência às mãos dos temíveis turcos ao cair Bizâncio – à espera impaciente do oportuno momento histórico de reintegrarem-se ao seu país.

Entretanto, tinham ido dar na cidade-tipografia por antonomásia, principal centro de comércio com o Oriente e administradora de territórios que haviam pertencido ao império bizantino; dessa forma, muitos manifestaram logo suas habilidades intelectuais – como os membros da Academia Aldina –, alguns as pedagógicas, e outros as manuais, como os calígrafos (já citamos Giovanni Rosso), tipógrafos (caixistas), impressores e encadernadores. Entre eles, Manuzio obteve eficiente mão de obra na medida certa de seu projeto editorial, pois que precisou de profissionais em todas as especialidades editoriais, que conhecessem a fundo o idioma grego.

Feito este corte, voltemos à Academia Aldina para expor a singularidade excepcional dos últimos integrantes. Um deles, Thomas Linacre – a quem se deve ter quase como membro honorário –, colaborador e divulgador na Inglaterra da grande obra publicada por Manuzio, era absoluta eminência intelectual. Doutor em medicina e erudito em literatura clássica, traduziu obras de Galeno diretamente do grego, estudou em Oxford, e viajou doze anos – de 1485 a 1497 – pela Itália, onde conheceu e conviveu com Manuzio, correspondendo-se depois frequentemente com ele, ao voltar para Londres, dois anos antes da criação da Academia Aldina. Exerceu com grande êxito a medicina, tendo entre seus pacientes ninguém menos que Henrique VIII, possivelmente o monarca mais popular da história da Inglaterra, e seu companheiro de trabalho na Academia, Erasmo de Rotterdam, e o insigne humanista Thomas Morus. E para fechar seu expressivo currículo: Linacre fundou o Royal College of Physicians, antes de ordenar-se sacerdote da Igreja católica.

Apesar disso, está claro que o membro mais eminente do grupo foi, por algumas razões que agora importam, o grande Erasmo de Rotterdam. Primeiro porque, ao lado de Linacre, garantia, como estrangeiro, a aspiração legítima de Aldo de fazer de seu trabalho tipográfico uma instituição internacional. Na opinião de Pierre de Nolhac, outro manuziano histórico, conseguiria muito mais que isso: converter-se no "centro intelectual da Europa"[15].

15. *Idem, ibidem.*

Em segundo lugar porque, conhecida a exigência e o rigor que o grande pensador e humanista dedicava à edição de seus livros – e os aborrecimentos que lhe causavam as erratas e as edições medíocres –, incorporar Erasmo na equipe editorial aldina representava passo decisivo na busca da perfeição que Manuzio impusera às suas edições.

Finalmente porque, na linha editorial de arrebanhar e promover autores contemporâneos, ninguém era tão cobiçado na Europa – o que a essa altura significava dizer no mundo – nem tão admirado, nem tão prolífico, como o audaz humanista e teólogo holandês. Tê-lo, portanto, com exclusividade por mais de um ano, convivendo juntos em Veneza, foi sem dúvida benefício sem preço para consolidar um projeto editorial daquele calibre e um enriquecimento mútuo, como oportunamente se verá.

Erasmo impressionava-se com a qualidade, rigor e categoria tipográfica das edições aldinas, as únicas – ao lado de outra insigne família de tipógrafos: os Elzevir holandeses – às quais os dicionários concedem o privilégio de genérico. Viajante maior passeando então pela Itália – "onde os muros tem mais instrução e eloquência que as pessoas em nosso país" – escrevia a um amigo[16] – dirige ele carta a Aldo em 1507, oferecendo-lhe um breve Eurípides que acabara de preparar e traduzir para o latim (*Hécuba e Ifigênia em Áulide*). A linguagem é tal que se pode qualificar de declaração platônica: "Consideraria bem empregado o esforço feito, garantindo-me além disso a imortalidade, se estes textos fossem impressos por você e, se possível, naquela pequena e maravilhosa tipologia em particular a menorzinha de todas, tão bela"[17].

Desvanecido, Manuzio conseguiu que os livros (de 9,1 x 15,7 cm e 160 páginas, com um centímetro de lombada) ficassem prontos sem falta em dezembro daquele mesmo ano, porquan-

---

16. C. Augustijn, *Erasmus von Rotterdam. Leben-Werk-Wirkung*, Munique, Oscar Beck, 1986. Existe edição castelhana: *Erasmo de Rotterdam. Vida y Obra*, Barcelona, Editorial Crítica, 1990.
17. *Idem, ibidem*.

Aldo Manuzio, dedicatória do livro Adágios, *de Erasmo de Rotterdam, Veneza, 1508, in-fólio.*

to Erasmo carecia deles para presentear seus amigos pelo Natal. Pouco depois foi a Veneza, iniciando-se profunda amizade – e cálida relação – ambas dignas do reverenciado Platão. Tanto assim que, na edição em 1508 dos famosíssimos *Adágios*, mergulharam em suas 498 páginas in-fólio como alucinados: enquanto Erasmo escrevia sem parar novos provérbios (essa versão difere sensivelmente da primeira, editada em Paris, em 1500, contendo 818 máximas breves, mais 3260 artigos não tão concisos, ocupando os autores gregos parte considerável)[18] e revisava as provas, Aldo compunha os textos, revisava a composição e corrigia as provas.

Alguns críticos contemporâneos rotularam a obra de precipitada, embora Erasmo o desmentisse enfaticamente: "Se vocês se referem ao tempo nela investido, por certo é obra precipitada [custou-lhe cerca de nove meses]; mas, se considerarmos os dias e noites de trabalho febril e infatigável, é obra meditada e suficientemente madura"[19].

Prova da evidente devoção que o notável humanista sentiu pelo sábio impressor – e pela atmosfera tipográfica que ambos respiravam na oficina veneziana – são os adágios dedicados à tipografia, ausentes da edição parisiense, apesar da amizade do autor pelos grandes impressores Amerbach (seguramente ex--professor como Aldo e, ao que parece, criador da tipografia redonda)[20] e seu sócio Fröben.

A sabida (e explicitamente manifestada) preocupação de Erasmo pela pontuação em suas obras é, no juízo dos historiadores, razão bastante para supor que ele mesmo se responsabilizava por ela nos livros que publicou com Manuzio. O arraigado rigor de excelência partilhado com o ilustre editor veneziano foi

18. J. Chomarat (ed.), *Erasme, Oeuvres choisies*, Paris, Librarie Générale Française, 1991.
19. S. Seidel Manchi, *Erasmo de Rotterdam, Adagi, sei saggi politici in forma di proverbi*, Turim, Giulio Einaudi Editore, 1980.
20. E. Palácios Fernández, *Ortografía, Gramática y Tipografía*, Madrid, Javier G. del Olmo Editor, 1993.

o principal laço que os manteve unidos em tão íntima associação profissional. Nesse sentido, a Academia foi instrumento de eficácia definitiva na seleção dos títulos. E não só sob os aspectos intelectuais e eruditos: as tarefas de correção e supervisão de provas tipográficas serão o componente editorial que proporcionará a Aldo o prestígio internacional mais sólido e imediato. Era o reflexo condicionado de uma exigência rigorosa e antiga, anelada por ele desde que estudou em Ferrara e deu aulas de grego (nessa mesma cidade ou em Mirandola) e, sobretudo, desde que sonhou com a tipografia, já então, felizmente, realidade esplêndida, reconhecida e admirada em toda a Europa.

As manias de Erasmo levantam ainda a suspeita genérica de que essa exacerbada – e quiçá doentia – vigilância não era de todo partilhada pelos impressores da época. A dedicação de boas horas, todos os dias, a funções tão prosaicas quanto imprescindíveis – em se desejando a publicação de livros de qualidade superior à média – só a partilhavam os impressores mais conscientes; claro, tendo Aldo à testa, incluindo-se entre eles outros profissionais do mesmo grêmio, amigos de Erasmo, embora não tenham conseguido elevar seu labor tipográfico ao nível de arte – pelo menos sob a óptica do humanista holandês. Sensibizou-se Erasmo apenas com Aldo, de cuja competência se orgulhava a ponto de confessar aberta e entusiasticamente em carta a Amerbach, sem o menor receio de ofender o orgulho profissional do impressor alemão, a quem tinha por amigo e mestre.

Ao lado de livros originais como os *Adágios* e o Eurípides inicial, ocupou-se Erasmo com a edição, para Aldo, de Terêncio, Sêneca, Luciano e Plauto. Programa de um ano de atividade extenuante para ambos. Erasmo lia códices da eclética biblioteca de Manuzio – em especial textos gregos –, escolhia os que desejava publicar, discutia com Aldo as correções aos textos originais e escrevia comentários e notas. Manuzio, como fizera com os *Adágios* (onde Erasmo conta estes detalhes), supervisionava a com-

Aldo Manuzio, página do livro Obra, *de Luciano, Veneza, 1503, in-fólio, 202 x 316 mm.*

posição tipográfica; perguntado-lhe Erasmo, desconcertado, por que lia as provas que já havia corrigido, Aldo respondia sempre: "Porque, assim, ao mesmo tempo aprendo"[21].

O processo para obter-se edições impecáveis era particularmente duro. "Conseguidos os manuscritos, era preciso lê-los, num tempo em que a paleografia ainda não estava desenvolvida, apesar de continuar viva a velha tradição filológica nascida na Alexandria; descobrir as falhas, fixar o texto, preparar os originais para impressão, compô-los e afinal corrigir as provas"[22].

Foi como começou a especializar-se a tipografia aldina na impressão da produção grega – do aspecto estético, tão importante, trataremos no próximo capítulo –, sendo as edições dos clássicos a pedra de toque de seu temerário projeto editorial. Dito assim parece simples, mas contar com 94 edições-príncipe (de Aristóteles, Sófocles, Eurípides, Aristófanes, Hesíodo, Heródoto, Teócrito, Platão e outros), com cerca de 150 volumes de filosofia, história, poesia, literatura, teatro, ética, gramática, retórica, cartografia, astronomia, ciências naturais e medicina é desafio difícil de superar, mesmo hoje.

Lembre-se que edição-príncipe se considera a primeira, a melhor e mais perfeita versão da obra de um autor clássico – grego ou latino. Costumava-se dedicar cada uma dessas preciosas edições a personagens notáveis, por exemplo, aos papas Alexandre VI (o Papa Bórgia), Julio II e Leão X; às nobilíssimas senhoras Isabel de Este, Lucrécia Bórgia ou Ana de Foix, rainha da Inglaterra; ao senhor de Carpi, Alberto Pio; ou a Guido di Montefeltro, duque de Urbino.

Subentende-se que antes houve o empenho de publicar tratados de gramática, vocabulários e opúsculos de iniciação, destinados a facilitar o estudo das línguas clássicas, atentando com isso para a filosofia pedagógica e eficaz, traduzida pelo afamado

21. C. Augustijn, *op. cit.*
22. H. Escobar, *Historia Universal del Libro*, Madrid, Fundación Germán Sánches Ruipérez, Ediciones Pirámide, 1993.

Aldo Manuzio, Normas Gramaticais, Veneza, 1493, in-quarto. Impresso na oficina de Andrea Torresani, sucessor do grande Nicholas Jenson.

provérbio chinês que reza: "Mais vale ensinar o faminto a pescar do que dar-lhe o peixe".

Ato contínuo, lançou-se, nos três primeiros anos de funcionamento da imprensa, em publicações ambiciosas como a monumental edição das *Obras* de Aristóteles em cinco volumes in-fólio, com um total de 3 648 páginas, patrocinadas pelo seu discípulo querido Alberto Pio de Carpi.

Parece à primeira vista tenha sido essa uma aventura irresponsável; no entanto, fazia todo sentido, como demonstra o êxito europeu fulminante e de enorme transcendência que alcançou.

De fato, nos anos finais do século xv italiano eclodiu grande interesse pelo pensamento clássico grego – apesar de sua natureza pagã original – e os filósofos e teólogos neoplatônicos (com Marsilio Ficino e Giovanni Pico della Mirandola à frente) esforçaram-se quanto puderam para enquadrá-lo na cultura cristã.

Embora, pois, a edição de clássicos greco-latinos já tivesse começado, há que se creditar a Manuzio o privilégio histórico de ter-lhe dado o impulso definitivo, sistematizando as publicações então incipientes e divulgando-as, junto com as de poetas italianos, na insólita coleção de bolso que ideou alguns anos depois.

O impulso dado por ele aos estudos helenísticos, com um sentido deveras crítico e antirretórico, quase antecipando-se à gramática comparada moderna[23], traduz-se no restante da Europa numa inquietação que se pode dizer generalizada, a qual induziria muitos a publicar os autores gregos em ritmo crescente. Como assinalou o grande tipógrafo francês Firmin Didot[24], este processo mimético se iniciou na Alemanha em 1501, na França em 1507, na Espanha em 1514, na Inglaterra em 1521 e por fim na Polônia em 1529. Nada obstante, o que mais interessa agora deste instinto editorial que induz Manuzio a publicar textos gregos num país que até então editara pouquíssimos (alguns em Milão, Florença,

23. M. Dazzi, *op. cit.*
24. A. Firmin-Didot, *Alde Manuce et l'Hellenisme à Venice*, Paris, 1875.

> In hoc libro hæc Continentur.
> Constantini Lascaris Erotemata cū interpretatione latina.
> De Iris græcis ac diphthógis et quéadmodū ad nos ueniát.
> Abbreuiationes quibus frequentissime græci utuntur.
> Oratio Dominica & duplex salutatio Beatæ Virginis.
> Symbolum Apostolorum.
> EuangeliumDiui Ioannis Euangelistæ.
> Carmina Aurea Pythagoræ.
> Phocilidis uiri sapientissimi moralia. Omnia suprascripta habent e regione interpretationé latinā deuerbo ad uerbū.

Aldo Manuzio, página do livro Os Erotómanos com Interpretação Latina, *de Constantino (Giovanni) Lascaris, Veneza, 1495, in-quarto, 144 x 200 mm.*

Vicenza e na própria Veneza, predominando livretos de gramática e dicionários, um par de "homeros", uma antologia, um Isócrates, as *Fábulas* de Esopo e os *Idílios* de Teócrito – uns vinte títulos ao todo)[25], é o espírito crítico e extraordinariamente exigente com que o fogoso editor enfrenta uma aventura editorial tão pessoal. Por exemplo: seu lendário rigor acadêmico leva-o a descobrir deficiências graves em todos os livros manuscritos que lhe caem às mãos; isso o obriga a intermináveis consultas, fazendo-se-lhe a Itália pequena e buscando ele esclarecimento pela Europa: logo lhe chegam originais da Alemanha, Áustria, Hungria, Polônia, Inglaterra e França[26]. Esse peculiar compromisso pessoal leva-o a refugar mais de um texto selecionado como bom, e a arrepender-se, não raro, dos que publica, como um de Quintiliano, do qual se escusa na introdução (num ato de contrição assaz frequente), rogando aos leitores – primeiramente aos personagens poderosos, nobres e intelectuais – que não lhe atribuam as erratas do original, ao mesmo tempo que admite estar-se editando, nesse caso, a melhor versão conhecida. Apesar de tudo, espera que algum dia se descubram códices manuscritos mais precisos, com os quais se melhorem as reedições[27].

A simples consulta da lista comentada dos primeiros dez títulos (excluindo os opúsculos ou livretos de menos de 49 páginas) que Antoine-Augustin Renouard[28] redigiu em 1803 sobre os quase 150 livros publicados por Aldo Manuzio é uma lição editorial de primeira grandeza. E basta para que se extraia dela o ideário Aldino, sobretudo se acrescentarmos a essa lista a relação dos clássicos latinos, editados a partir de 1501.

O primeiro dos dez títulos aludidos – *Os Erotómanos com Interpretação Latina*, com 332 páginas de formato in-quarto – é uma gramática grega dedicada "aos estudiosos" (como reza a dedica-

---

25. H. Omont, *op. cit.*
26. M. Dazzi, *op. cit.*
27. *Idem, ibidem.*
28. A.-A. Renouard, *Annales de l'imprimerie des Aldes*, Paris, 1825.

tória), obra de um dos mais ativos membros da Academia Aldina, Constantino (Giovanni) Lascaris, considerada mais que exemplar: "moderna, metódica e rigorosa"[29]. Certamente as gramáticas constituem o conjunto mais importante desta fase inicial e, embora começada pela de Lascaris (obra que supera a publicada em Milão, quase vinte anos antes, em 1476), impressa em 1495 – existe outra, mais simples e cronologicamente anterior: *Institutiones Gramaticae* (1493), publicada muito provavelmente pela oficina de Andrea Torresani e obra do próprio Manuzio, contendo texto magistral de crítica ao sistema escolar vigente. Esse texto será, por muito tempo, a melhor produção acadêmica em latim sobre o tema[30]. Ao que parece, teve mais de doze impressões entre 1501 e 1568[31].

O segundo foi nada menos do que o primeiro volume das *Obras Completas* do "divino Aristóteles", tal como figura na dedicatória redigida por Scipione Fortiguerra (Carteromaco), o condiscípulo de Aldo em Roma e futuro membro da Academia Aldina. Um empreendimento deveras colossal, dedicado por Manuzio (há pelo menos seis outras dedicatórias) "aos amigos em geral" e em particular ao mecenas e aluno Alberto Pio de Carpi, com quem tinha dívida de gratidão, e quis saldar com generosidade (e isso se expressava numa edição tão digna de um príncipe quanto de um rei). Segundo Renouard, essa "bela obra" de 464 páginas in-fólio apareceria por volta de 1495 e expressa perfeitamente o rigor exaustivo que Manuzio está decidido a investir na sua admirável aventura cultural de recuperação dos clássicos gregos: com a maior naturalidade, Aldo edita o *corpus* científico e filosófico mais imponente da Antiguidade, num conjunto de páginas distribuídas em cinco volumes in-fólio, publicado no prazo surpreendente de dois anos.

29. L. P. V. Febvre & H. J. Martin, *op. cit.*
30. M. Dazzi, *op. cit.*
31. M. Peña, *El Laberinto de los Libros*, Madrid, Fundación Germán Sánchez Ruipérez, Ediciones Pirámide, 1997.

O terceiro, *Introduções Gramaticais*, nova versão da gramática grega, está dedicado genericamente "aos leitores". A obra é de Teodoro Gaza e é demasiado extensa para ser considerada mera "introdução": 396 páginas de grande formato, in-fólio, que Renouard não teve dúvida em classificar como a maior em seu gênero.

O quarto, com 280 páginas in-fólio, é um volume dedicado às *Églogas* de Teócrito, integrando os livros editados no segundo ano glorioso da imprensa aldina, isto é, 1496. Valiosíssimo do ponto de vista literário e tipográfico – sempre segundo Renouard –, repete a audácia pioneira de Manuzio em confronto com as belas obras do impressor gaulês Robert Estienne, por exemplo, que se espelhou no trabalho precedente de Aldo, cinquenta anos mais tarde e com o suporte financeiro da monarquia.

O quinto foi breve obra poética, de apenas setenta páginas in-quarto, e que é o primeiro livro de criação original de autor contemporâneo: o preciosíssimo *De Aetna* (*Sobre o Etna*) de Pietro Bembo, membro da Academia Aldina, colaborador editorial e modesto contribuinte como sócio da entidade. É um livrinho muito especial, que passou para a história da tipografia devido ao bonito tipo com que Aldo o compôs, variação do romano, moldado por Francesco Griffo, encontrado ainda na maioria dos catálogos tipográficos e folhetos informativos atuais com o nome perene do autor do poema (e não, como seria de esperar-se, do criador do tipo): Bembo.

O sexto, *Tesouros, Cornucópias e Jardins de Adônis*, é um livro de 268 páginas in-fólio, "preciosa edição, muito rara" (Renouard), dirigida pelo corpo principal da Academia Aldina: Scipione Fortiguerra (Carteromaco), Angelo Poliziano, Urbano Bolzanio e o próprio Aldo, entre outros. Três anos depois (1499) editou-se nova versão, desta vez com 642 páginas, também in-fólio e em latim, dedicada outra vez "a todos os estudiosos"; aborda especulações filosóficas sobrenaturais, ao gosto dos neoplatônicos. Ao que parece, teve o livro numerosas reedições e, a título meramente anedótico, "seu êxito refletiu-se nas bibliotecas privadas

74 ❦ Aldo Manuzio: Editor. Tipógrafo. Livreiro

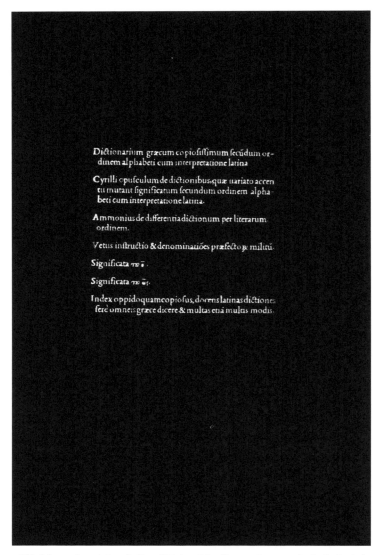

Aldo Manuzio, página do livro Dicionário Grego *(com tradução latina)* de Giovanni Filopó, Veneza, *1497*, in-fólio, *198 x 300 mm.*

ΤΑΔΕ ΕΝΕΣΤΙ ΕΝ ΤΗ. ΔΕ ΤΗ. ΒΙΒΛΩ.
Θεοκρίτου εἰδύλλια ῥυτισὶ μικρὰ ποιήματα
τριάκοντα.
τοῦ αὐτοῦ Γένος ἐπειδὴ ῥίσκωσ τῶν ιουκολικῶν.
Κάτων Θ' ρωμαῖς γνῶμαι ἀξαινετικαὶ δίστιχοι.
Γνῶμαι ἐπτὰ σοφῶν.
Περὶ Φθόνου.
Θεόγνιδος μιγερίως σικελιώτου γνῶμαι ἐλεγειακαί.
Γνῶμαι μονόστιχοι κατὰ κεφάλαια συντεθειμέ-
ναι ἐκ διαφόρων ποιητῶν.
Χρυσᾶ ἔπη τοῦ πυθαγόρα.
Φωκυλίδου ποίημα νηθετικόν.
Στίχοι σιβύλλας τῆς ἐρυθραίας περὶ τοῦ κυρίου ἡμ
Διαφορὰ φωνῆσ.
Ησιόδου θεολογία.
Τοῦ αὐτοῦ ἀσπὶς ἡρακλέας.
Τοῦ αὐτοῦ ἔργα καὶ ἡμέραι.

Hæc infunt in hoc libro.
Theocriti Eclogæ triginta.
Genus Theocriti & de inuentione bucolicorum.
Catonis Romani fententiæ parænetcæ diftichi.
Sententiæ feptem fapientum.
De Inuidia.
Theognidis megarenfis ficuli fententiæ elegiacæ.
Sententiæ monoftichi per Capita ex uariis poetis.
Aurea Carmina Pythagoræ.
Phocylidæ Poema admonitorium.
Carmina Sibyllæ erythrææ de Chrifto Iefu domino nro.
Differetia uocis.
Hefiodi Theogonia.
Eiufdem fcutum Herculis.
Eiufdem georgicon libri duo.

Aldo Manuzio, página do livro Églogas, *de Teócrito, Veneza, 1497, in-fólio, 209 x 313 mm.*

da cidade [refere-se a Barcelona], com dezessete exemplares distribuídos entre seis eclesiásticos, três notários, quatro jesuítas, dois nobres, um escrivão e um catedrático, e um livreiro importador que possuía quatro exemplares deste título"[32]. Seu autor, Niccolò Perotti, membro da Academia Bessariana em razão de seu cargo de secretário de confiança do poderoso cardeal francês Jean Bessarion, morou em Veneza por um ano ao menos. O cardeal, nascido na então cidade grega da Trebisonda armênia, trazia nas veias o depurado sentimento de salvar a língua materna de todas as suas recentes desgraças. Com a queda de Constantinopla em 1204 às mãos dos Cruzados, um punhado de bizantinos se estabeleceu na cidade do Mar Negro, resistindo até 1461, quando caíram sob o poder dos turcos. Embaixador que foi de Luís xi e humanista erudito, Bessarion viveu em Milão e contribuiu decisivamente para o renascimento das letras, legando a Veneza sua extraordinária biblioteca com cerca de oitocentos manuscritos, quinhentos dos quais eram gregos.

O sétimo, *Sobre os Mistérios dos Egípcios*, editado em 1497, é uma miscelânea de textos dos autores gregos Proclo e Jâmblico – comentados e apresentados por filósofos de filiação platônica e pitagórica – relativos à interpretação dos mistérios pagãos, âmbito propício ao pensamento dos neoplatônicos italianos com os quais Manuzio afinava bem. Trata-se de in-fólio traduzido pelo grande Marsilio Ficino, que inclui ademais a obra *Sobre o Prazer* do filósofo florentino em voga, morto havia pouco (1496); embora póstumo, era-lhe um reconhecimento público, que se repetirá naquele mesmo ano, com a publicação de um prólogo do filósofo.

O oitavo, *Normas de Gramática Grega*, de Urbano Bolzanio (o célebre Frade Urbano, preceptor do Papa Leão x e depois membro da futura Academia Aldina) é um léxico greco-latino destinado a reforçar os conhecimentos gramaticais dos amados leitores. Pelo visto era um livro de 432 páginas in-quarto de extraordiná-

---

32. *Idem, ibidem.*

PETRI BEMBI DE AETNA AD
ANGELVM CHABRIELEM
LIBER.

Factum a nobis pueris eft, et quidem fe-
dulo Angele; quod meminiffe te certo
fcio;ut fructus ftudiorum noftrorum,
quos ferebat illa aetas nó tam maturos, q̃
uberes, femper tibi aliquos promeremus:
nam fiue dolebas aliquid, fiue gaudebas;
quae duo funt tenerorum animorum ma
xime propriae affectiones; continuo ha-
bebas aliquid a me, quod legeres, uel gra-
tulationis, uel confolationis; imbecillum
tu quidem illud, et tenue; ficuti nafcentia
omnia, et incipientia; fed tamen quod effet fatis amplum futurum argumentum
amoris fummi erga te mei. Verum po-
ftea, q̃ annis crefcentibus et ftudia, et iudi
cium increuere ; nófq; totos tradidimus
graecis magiftris erudiendos; remiffiores
paulatim facti fumus ad fcribendum, ac
iam etiam minus quotidie audentiores.

A

Aldo Manuzio, página do livro De Aetna (Sobre o Etna), *de Pietro Bembo, Veneza, 1496, in-quarto, 138 x 190 mm.*

> Index eorum, quæ hoc in libro habentur.
> Iamblichus de mysteriis Aegyptiorum. Chaldæorum.
> Asyriorum.
> Proclus in Platonicum alcibiadem de anima, atq;
> dæmone.
> Proclus de sacrificio & magia.
> Porphyrius de diuinis atq; dæmonibus.
> Synesius Platonicus de somniis.
> Psellus de dæmonibus.
> Expositio Prisciani & Marsilii in Theophrastú de sen
> su, phantasia, & intellectu.
> Alcinoi Platonici philosophi liber de doctria Platonis·
> Speusippi Platonis discipuli liber de platonis difiniti-
> onibus·
> Pythagoræ philosophi aurea uerba.
> Symbola Pithagoræ philosophi.
> Xenocratis philosophi platonici liber de morte.
> Marsilii ficini liber de uoluptate.

Aldo Manuzio, página do livro Sobre os Mistérios dos Egípcios, *de Jâmblico, Veneza, 1497, in-fólio, 195 x 293 mm.*

rio interesse. Primeiro porque Aldo o dedica, também postumamente, ao seu grande amigo e brilhantíssimo filósofo Giovanni Francesco Pico della Mirandola. Por certo lhe agradava muito fazê-lo, pois parece celebrar na dedicatória a vitória intelectual, definitiva contra a deficiência do ensino da gramática que ambos sofreram como estudantes em Ferrara. Depois, porque Erasmo de Rotterdam, quando conheceu Aldo – dez anos depois de editado o livro –, teve interesse em pedir-lhe um exemplar, uma vez que insistentemente e sem êxito buscara obtê-lo. O dado confirma que o livro que tão vivamente interessou a um dos sábios humanistas mais influentes da Europa, a ponto de estar disposto a pagá-lo a peso de ouro[33], esgotou-se em poucos anos nas suas três edições sucessivas: isso é, sem dúvida, uma grande notícia para o livro impresso em qualquer tempo.

O nono seria o primeiro dos livros dedicados a questões médicas, numa série de três volumes in-quarto, editada por Aldo ao longo de 1497: *Epiphyllides, Sobre os Graus da Medicina* e *Sobre a Doença Gaulesa*, com 208, 110 e 58 páginas, respectivamente. Seu autor: Lorenzo Maioli, médico, amigo e colaborador de Aldo, irmão de Tommaso Maioli, célebre encadernador de livros, justamente pela criação do estilo maioli.

O décimo, *Questão de Averroés*, primeiro texto impresso traduzido do hebraico, é um livreto de 64 páginas in-quarto de 1497, original do sábio árabe, com caracteres moldados por Francesco Griffo, e que deu a Renouard a impressão de singularmente não relevante: "et au nombre de ces livres qu'on ne lit plus, et qu'on a raison de ne pas lire"[34]. Em contrapartida, hoje talvez se veria de outro ângulo: o de uma declaração de princípios culturais.

É assombroso que toda essa fabulosa aventura editorial, concentrada quase exclusivamente na edição dos textos mais nobres da divina Grécia e da augusta Roma, da forma mais rigorosa e

33. M. Dazzi, *op. cit.*
34. A.-A. Renouard, *op. cit.*: "e no rol desses livros que não se leem mais e que há razão de não ler" (trad. João Angelo Oliva Neto).

Τῶν ἐν τῇ δε τῇ βίβλῳ περιεχομένων ὀνόματα τε καὶ τάξις.
Ἀριστοτέλους βίος ἐκ τῶν λαερτίου·
Τοῦ αὐτοῦ βίου κατὰ φιλόπονον·
Θεοφράστου βίος ἐκ τῶν λαερτίου·
Γαληνοῦ περὶ φιλοσόφου ἱστορίας·
Ἀριστοτέλους φυσικῆς ἀκροάσεως, βιβλία ὀκτώ·
Περὶ οὐρανοῦ, βιβλία τέσσαρα,·
Περὶ γενέσεως κỳ φθορᾶς, βιβλία δύο·
Μετεωρολογικῶν, βιβλία τέσσαρα,·
Περὶ κόσμου πρὸς ἀλέξανδρον, βιβλίον ἕν·
Φίλωνος ἰουδαίου περὶ κόσμου, βιβλίον ἕν·
Θεοφράστου περὶ πυρός, βιβλίον ἕν·
Τοῦ αὐτοῦ περὶ ἀνέμων, βιβλίον ἕν·
Περὶ σημείων ὑδάτων ὰ πνευμάτων αἰωνύμου·
Θεοφράστου περὶ λίθων, βιβλίον ἕν·

Eorum quæ hoc uolumine continentur nomina & ordo.
Aristotelis uita ex laertio.
Eiusdem uita per ioannem philoponum.
Theophrasti uita ex laertio .
Galeni de philosopho historia
Aristotelis de physico auditu, libri octo.
De cœlo, libri quatuor.
De generatione & corruptione, duo.
Meteorologicorum, quatuor.
De mundo ad alexandrum, unus.
Philonis iudæi de mundo, liber unus.
Theophrasti de igne, liber unus.
Eiusdem de Ventis liber unus
De signis aquarum & uentorum, incerti auctoris.
Theophrasti de lapidibus, liber unus.

Aldo Manuzio, página do livro Obra Completa, *volume II, de Aristóteles, Veneza, 1497-1498, in-fólio, 214 x 312 mm.*

brilhante que se possa imaginar – e por isso dificilmente superável –, reduziu-se a quinze anos de atividade frenética. Porque, de fato, a tipografia permaneceu fechada em duas ocasiões, pelo espaço de cinco anos ao todo. Apesar de as datas de sua proeza editorial se confinarem entre 1495 e 1515, existem entre elas apenas quinze anos de efetiva atividade.

A primeira interrupção longa seguiu-se ao seu casamento, em 1505, com Maria Torresani, uma das filhas do seu sócio, de vinte anos, contemporânea (e quiçá parecida) à florentina Giovanna Tornabuoni, aquela beleza pintada por Domenico Ghirlandaio em 1488. Aldo, então com 55 anos, suspende apolineamente as atividades editoriais, que retoma em 1507 com forças inusitadas, sobretudo depois da chegada, no ano seguinte, de Erasmo de Rotterdam. Entrementes, viaja pela Itália, explicando aos jovens que desejavam escutá-lo os maiores escritores greco-latinos, como fazia em seus tempos de professor, numa espécie de cursos públicos de que, é fora de dúvida, sentira a falta em mais de uma ocasião[35].

A segunda foi um ano depois, em 1509, quando teve que abandonar tudo precipitadamente, de novo por causa da interminável guerra contra Ferrara. Dessa vez só retomou as atividades por volta de 1512, três anos antes de morrer. Acolhido então no castelo de Novi, onde residia o antigo discípulo e atual protetor Alberto Pio de Carpi, que lhe pôs a disposição metade do edifício: Pio considerava o eminente editor como membro da família, a ponto de autorizá-lo a usar o nome dos nobres, com o qual assinou uma primeira edição de 1503: "Aldus *Picus* Manutius".

Apesar dos obstáculos, Aldo foi o primeiro, o mais audaz e o mais brilhante numa série de achados e experimentos dos mais variados. É deveras fascinante seguir-lhe os passos, já que assinalaram um itinerário firme e retilíneo que vai da tipografia à edição, da cultura à imagem sem hesitações. Com o orgulho do

35. P. Scapecchi, *op. cit.*

C ornucopiæ, fiue linguæ latinæ commentarii, ubi quamplurima loca, quæ in aliis ante impreffis, incorrecta leguntur emendata funt. Multa præterea, quæ in iis, etiam, quos ex archetypo excriptos habuimus, mendofa erant, emaculauimus.

G ræcum, quod ita inuerfum, ac deprauatum erat, ut ne legi quidem pof fet, in fuum locum & candorem reftitutum eft.

I ndex copiofiffimus,& nouo ordine, quo facillime quodcunq; q̃ritur uocabulum, inueniri poteft. Notatæ.n.funt totius operis fingulæ femipaginæ, ac finguli femipaginarum omnium uerfus, arithmeticis numeris. Et quod operæpretium eft, margine expedito & uacuo, ut poffit, fiquid libuerit, in margine, ut fieri a doctis affolet, annotari.

E iufdem Sypontini libellus, quo Plinii epiftola, ad Titum Vefpafianú corrigitur, cum græco, quod in aliis non habetur.

C ornelii Vitellii in eum ipfum libellum Sypontini Annotationes.

H oc inueniendorum uocabulorum ordine, a nobis nuper inuento, nó licet cuiq̃ in Dominio Ill. .S. .V. Hoslinguæ latinæ commentarios
impune imprimere.

* * * *
* * *
* *
*

Aldo Manuzio, página do livro Cornucopiae, *de Niccolò Perotti, Veneza, 1499, in-fólio, 206 x 307 mm.*

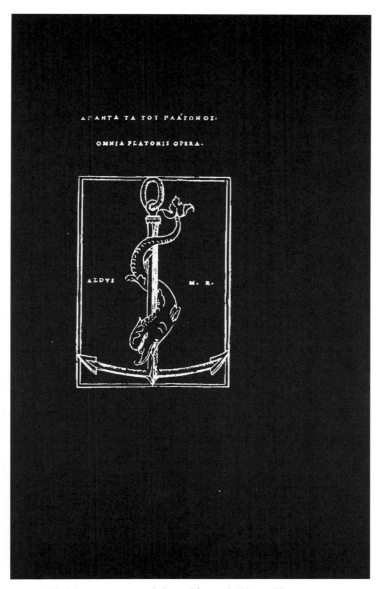

Aldo Manuzio, página do livro Obras, *de Platão, Veneza, 1513, in-fólio, 190 x 304 mm.*

editor pleno; na opinião de muitos, o mais completo que jamais existiu em toda a história editorial.

Quando Aldo morreu, um dos mais prestigiosos encadernadores que já houve, o nobre bibliófilo francês Jean Grolier, lamentava-se de que "a literatura tenha perdido o mais ousado de seus inovadores"[36]. E, em meio ao funeral, o grande Erasmo disse que Manuzio fora "um homem único, aliado ao destino para mostrar-nos a mais antiga e genuína cultura"[37]; enquanto os humanistas que assistiam as exéquias colocavam de pé em torno do féretro, como sentinelas eruditas, os livros que ele imprimira com tanto amor[38].

36. M. Dazzi, *op. cit.*
37. *Idem, ibidem.*
38. A. Manguel, *Uma Historia de la Lectura*, Madrid, Alianza Editorial, Fundación Germán Sánchez Ruipérez, 1998.

Aldo Manuzio, Tipógrafo

COM O PROPÓSITO de tornar realidade o sonho cultural de sua vida, Aldo Manuzio transformou-se a um só tempo em impressor e editor. Mais que em outro qualquer da história da tipografia, ser impressor naquele tempo equivalia, de certo modo, a ser um projetista. O impressor tinha que decidir e definir a forma que assumiriam os elementos impressos sobre as páginas – de papel branco e protegidas com capas rígidas formadas de pergaminho ou couro naturais utilizados para armar esses objetos mágicos a que chamamos genericamente livros – e isso, implícita ou explicitamente, é o ofício do projetista gráfico. O tipo de letra, o tamanho (ou corpo), o conjunto de letras que compõe a mancha impressa de uma página, as margens que a rodeiam ou demarcam, as ilustrações, os formatos, a costura e os tipos de encadernação, as guardas, as cores e um extenso etcétera hoje quase completamente tipificado, são partes de um conjunto que era necessário definir previamente, de acordo com a sensibilidade estética específica do responsável editorial em cada caso – se o objetivo desejado era, como continua sendo hoje, fazer de tudo isso um produto cultural brilhante, eficaz e competitivo.

Desde o aparecimento da imprensa, os livros têm sido concebidos assim e, nessa definição de responsabilidades, o projetista de hoje, ou então diretor artístico, recebem muitas vezes indica-

CE VOLUME, LE QUATRIÈME DE LA COLLECTION
« LE GOÛT DE NOTRE TEMPS », A ÉTÉ ACHEVÉ
D'IMPRIMER, SOUS LA DIRECTION TECHNIQUE
DES ÉDITIONS D'ART ALBERT SKIRA, LE SEPT
NOVEMBRE MIL NEUF CENT CINQUANTE-NEUF.

TEXTE ET ILLUSTRATION
ATELIER D'IMPRESSION EN COULEURS

SKIRA

AUX IMPRIMERIES RÉUNIES S. A., LAUSANNE.

GRAVURE DES CLICHÉS
GUEZELLE ET RENOUARD, PHOTOGRAVEURS, PARIS

IMPRIMÉ EN SUISSE / PRINTED IN SWITZERLAND

Albert Skira, coleção "Le gout de notre temps", página do colofão, Lausanne, 1959, in-quarto, 160 x 175 mm.

ções precisas do editor, sob a forma de sugestões ou determinações. (Em épocas anteriores à tipografia, os responsáveis eram os amanuenses, cuja maioria se limitava a copiar outros manuscritos, que eventualmente melhoravam – segundo lhes permitiam suas habilidades ou capacidade criativa – sem pôr nem tirar nada de relevante.) Tudo depende do editor e a história deixa claro que, em aspectos tão decisivos da formalização do produto, o editor jamais renunciou a seus caprichos. Há que se reconhecer que em ocasiões o fez com grande acerto, provando possuir refinada sensibilidade, através de ideias próprias mais que estimáveis, ou estabelecendo cumplicidades amistosas – tão intensas quanto extensas – com projetistas talentosos, em cuja companhia chegou a perpetrar admiráveis aventuras culturais e empresariais.

Em fins do século XV, porém, e primórdios do XVI, não existia, claro, a figura do projetista gráfico. Isso não implica que não se desse à aparência de um livro impresso a importância – frequentemente decisiva, ainda que não o pareça – que merece. O incunábulo já fixara normas que permitiam reproduzir ao infinito um projeto gráfico uniforme que diferenciou visualmente, de imediato, a aparência do livro impresso frente ao manuscrito. Seja como for, essa tarefa ficou tacitamente em mãos do impressor até o fim do século XIX, quando alguns editores começaram a confiar tais assuntos a arquitetos, artistas, desenhistas – em suma, a profissionais suscetíveis de envolver-se competente e imaginativamente na forma embrionária da cultura impressa.

De todo modo, a incorporação foi gradual e minoritária. E sobretudo incompleta, já que sob alguns aspectos, que deveriam ser primordiais, como, por exemplo, o projeto interno do livro (isto é, as páginas formatadas) e a escolha dos materiais, os projetistas não costumam ter, inclusive hoje, muito a dizer.

Excetuados os livros especiais (que são muitos), em geral ilustrados, jamais se autorizou ao projetista pôr as mãos no interior do livro. Dir-se-ia que isso tem sido patrimônio exclusivo do editor-impressor. Atualmente, a dupla editor-impressor soa anacrônica, mas os antecedentes gloriosos do próprio Aldo Manuzio no século xv, Benjamin Franklin (inventor, político, editor e impressor) ou Joaquín Ibarra (projetista-impressor de Carlos III) no XVIII, Giambattista Bodoni (projetista-impressor) no começo do XIX, William Morris (projetista-impressor) em fins do XIX, ou editores claramente artísticos do século XX, como Peter Suhrkamp, Jonatham Cape ou Albert Skira (editor-projetista), além de continuadores tão elogiáveis como Franco Maria Ricci (editor-projetista) e alguns fervorosos admiradores da bibliofilia, constituem uma vanguarda de exceções que, em absoluto, não pode justificar o processo de degradação formal do livro, tão crescente quanto impune.

Diferentemente, a figura do antigo tipógrafo, que atuava implicitamente como editor, continua assim até hoje, ou até poucos anos atrás, com diferenças marcantes em relação aos ilustres pioneiros da tipografia dos séculos XV e XVI. Quando da Revolução Industrial, por exemplo, quem puxou o carro da história foi a inflamada burguesia industrial, os nossos empresários, os fabricantes e os eternos operários que ganhavam importância. A partir daí e até o fim do século XIX, o editor-impressor foi um dos símbolos mais visíveis da época, excedendo uma atividade editorial em muitos casos admirável, com excelente qualidade técnica. Foi a idade de ouro das chamadas Artes Gráficas, com destaque dos quatro irmãos Harper nos Estados Unidos (grandes impressores e iniciadores de uma editora que, quase um século depois, associando-se com os Canfield, se converteria na Harper & Row), Tauchnitz na Alemanha ou Rizzoli (também produtor cinematográfico) e Mondadori na Itália. Na Espanha, o arquétipo pode representar-se no mesmo nível de gente como Manuel Rivadeneyra (catalão estabelecido em Madrid, autor da célebre Biblioteca de Autores Espanhóis, com setenta títulos editados em 1846, e que acabou sob a direção de D. Marcelino Menéndez y Pelayo) e Rafael Caro Raggio em Madrid, ou na Catalunha por Montaner y Simon, Ramón Sopena e Seix e Barral.

Para que comecemos a analisar a participação excepcional de Aldo Manuzio no projeto de livros surgidos de suas prensas, é preciso que se coloque em primeiro plano o projeto tipográfico sob todas suas variantes inovadoras, formais e conceituais, porque a letra é o material primordial e imprescindível para que se construa um livro.

Para entender facilmente a enorme influência que tiveram – imediata e simultaneamente – os revolucionários e racionais delineamentos tipográficos e editoriais do impressor veneziano no contexto profissional, estético, cultural e linguístico da Europa de seu tempo, vejamos uma influência aldina mais que provável, completamente insólita, que se fez sentida num setor tão afastado da tipografia, como é o da fabricação de instrumentos musicais. Campo esse por certo distante dos plagiadores habituais que resignadamente Aldo teve que suportar, e às vezes indo aos tribunais – e que propicia considerar a apropriação, ao menos uma vez, como algo confortador.

Refiro-me ao violino de quatro cordas, tal como o conhecemos. Segundo todos os indícios, surgiu em Cremona (a cidade trabalhadora dos lendários Amati, Guarneri e Stradivarius), por volta de 1550. O instrumento é, portanto, contemporâneo dos sucessores de Manuzio (filho e neto) e, curiosamente, tem suas entranhas marcadas a fogo pela tipografia: os dois arabescos simétricos e característicos exibidos de ambos os lados da ponte, perfurando a tampa harmônica para provocar a ressonância acústica correta do menor dos instrumentos de corda, têm a forma inconfundível de uma letra cursiva: os "efes do violino", segundo os designam apropriadamente os fabricantes (*luthiers*) do mundo todo. É verdade que persiste o erro em muitos dicionários confiáveis, que os chamam de "esses" (o mais significativo, pelas trinta ou quarenta reedições que já teve, é o *Diccionario de la Lengua Española*, da Real Academia Española, que fala de "duas aberturas em forma de S na tampa"; ou o renomado *Diccionario Ideológico de la Lengua Española*, o "Casares", segundo o qual se

90 Aldo Manuzio: Editor. Tipógrafo. Livreiro

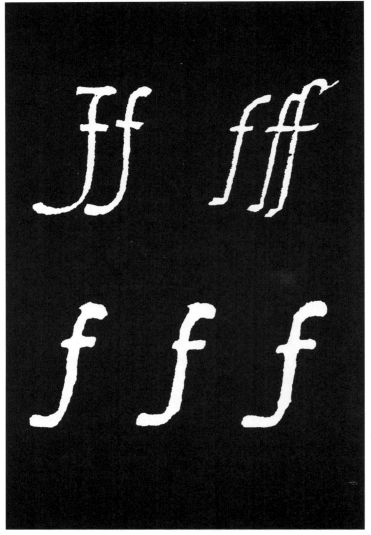

Letras efes originais dos eminentes calígrafos Ludovico degli Arrighi (1520), Antonio Tagliente (1530) e Giambattista Palatino (1540), todas posteriores às cursivas tipográficas de Aldo Manuzio.

chamam – *esse* – "Cada uma das aberturas que têm na tampa os instrumentos de arco").

Em 1500, Aldo inventara a tipografia cursiva. É muito provável que os insignes primeiros *luthiers* se tenham sentido extremamente fascinados pela beleza inquestionável das formas tipográficas divulgadas através dos constantes êxitos da obra do célebre editor-impressor veneziano (ademais, Cremona não fica longe de Veneza), e não resistiram à tentação de incorporá-las à vistosa e funcionalíssima decoração do instrumento que preparavam com rigor e bom gosto extremados.

Talvez se basearam na forma esbelta de uma das fontes cursivas entalhadas pelo famoso joalheiro Francesco Griffo (descoberto e aliciado à tipografia por Aldo) ou de algum de seus imitadores, tão numerosos quanto imediatos. E, com certeza, indiscriminados, pois se somariam a eles ao longo do século XVI os calígrafos-chanceleres Ludovico degli Arrighi, Antonio Tagliente – também entalhadores de fontes tipográficas – e Giambattista Palatino, representantes de uma saga antiga e prestigiosa na Itália, que foram praticando uma caligrafia progressivamente "tipográfica", atraídos certamente pelo fascinante invento.

Será que a influência cultural das formas tipográficas aldinas, estendendo-se além de seus limites razoáveis, alcançou a música sinfônica, da qual os violinos são a parte substancial? Se assim for, toda a numerosa família das cordas traria no peito esse doce estigma aldino, de tal sorte que, ao contemplar uma grande orquestra sinfônica, poderíamos encontrar até setenta e cinco efes cursivos de diferentes tamanhos (com suas respectivas réplicas invertidas), distribuídos, segundo Copland, assim: dezesseis primeiros violinos, catorze segundos violinos, treze violas, doze violoncelos e dez contrabaixos[1].

1. A. Copland, *What to Listen for in Music*, New York, McGraw Hill, 1939. Existe edição castelhana: *Cómo Escuchar la Música*, México, Fondo de Cultura Económica, 1955.

Da esquerda para a direita, efes de violino de Andrea Amati (1574), Niccolò Amati (1649), Jacobo Steiner (1656), Joachim Tielke (1670), Antonio Stradivarius (1710) e Guarnieri del Gesú (1742).

Aldo Manuzio, Tipógrafo 🎋 93

Efes tipográficos: à esquerda, grupo de tipo redondo (1496) e cursiva (1501) de Aldo Manuzio: à direita, grupo de cursiva bodoni (1818) e Stephenson Blake (final do século XIX).

Bela imagem da música e da tipografia unidas pelo cordão umbilical da humilde letra minúscula cursiva, testemunho audiovisual das que o inovador Aldo Manuzio pusera em circulação. Aceita essa hipótese, poderíamos considerar que, a cada apresentação de uma grande orquestra em auditório, se está rendendo uma homenagem implícita ao grande tipógrafo humanista, empenhado em divulgar a cultura impressa mediante sinais alfabéticos da mais bela feição.

Até então, os tipos de imprensa mais comuns costumavam ser moldados sobre alfabetos de tipologia gótica, em variantes pesadas e angulosas, de leitura difícil. Eram herança das caligrafias reproduzidas nos manuscritos visigóticos de bíblias e missais. As versões alemãs dessa deformação progressiva da letra original carolíngia (imposta por Carlos Magno no século VIII como padrão europeu) são as que tiveram maior influência, por duas razões mais que óbvias:

Primeira. O invento da tipografia surgiu em Mogúncia (Mainz) e a adoção da novidade implicou, em princípio, ao menos, o uso totalmente mimético na imitação das obras de Gutenberg e seus compatriotas quase sem risco. Os pioneiros, alemães na maioria, durante essa primeira etapa, imitavam-se, ademais, uns aos outros, a ponto de alguns deles reproduzirem sistematicamente em seus livros a mesma ou parecidíssima fórmula tipográfica.

Segunda. A extraordinária diáspora mercantil que estimulou tantos tipógrafos alemães a viajar por toda a Europa e estabelecerem-se nas cidades – com um nomadismo de caráter apostólico – o tempo justo para dar a conhecer o invento aos nativos interessados. A permanência era invariavelmente breve e, assegurada a continuidade, levantavam acampamento para dirigir-se a outra cidade, em geral próxima da anterior: caso, por exemplo, do impressor alemão Nicholas Spindeler, que vamos encontrar instalado sucessivamente em Barcelona, Terragona, Tortosa e Valência[2].

---

2. P. Bohigas, *El Libro Español*, Barcelona, Gustavo Gili, 1962.

Fust, Schöffer, & Gutenberg, Bíblia de 42 linhas, *Mogúncia*, 1452-1455, in-fólio.

Os cidadãos mais empreendedores e impacientes não esperaram a chegada do invento em seu país. Foram aprender os conhecimentos mais elementares diretamente na Alemanha, quando possível em Mogúncia. Assim fez o francês Nicholas Jenson que, antes de estabelecer-se definitivamente em Veneza, trabalhou três anos no ateliê de Gutenberg, bebendo na fonte original[3].

Embora pareça ter sido Amerbach – o bom impressor alemão amigo de Erasmo de Rotterdam – o primeiro a gravar um tipo móvel não gótico, acabou sendo o eminente tipógrafo francês quem entalhou a primeira grande tipografia moderna, conhecida ainda hoje com o seu nome: Jenson. Calcada na primitiva letra redonda carolíngia para as minúsculas e nas inscrições romanas para as maiúsculas, a tipografia Jenson inaugurou esplendidamente a ofensiva estilística renascentista, em contraposição à espessa e eclesiástica tipografia gótica imperante. Tipologia definitiva, que iria ser a fonte de inspiração de todos os grandes projetistas tipográficos posteriores: de Claude Garamond a William Caslon, entre os clássicos dos séculos de ouro, até Willian Morris, o grande propulsor da criação tipográfica pré-rafaelita de fins do século xix.

Infelizmente Manuzio não chegou a conhecer pessoalmente tão insigne impressor, em que pese ter seguido bem de perto sua experiência tipográfica veneziana, uma vez que seu futuro sócio e pai político aprendeu com o mestre francês e, à morte deste, em 1481, manteve seu ateliê, com pleno consentimento da viúva.

Nessa ocasião, Aldo decide refugiar-se – por injunções bélicas – em Modena, no castelo de seu amigo Pico, em cuja companhia amadurecerá o projeto de exercer as atividades de editor, tipógrafo e livreiro. Daí por que não aparecerá no ateliê tipográfico que fora de Jenson até 1488.

Embora os tipos redondos de raiz romana já se usassem, ao menos na Itália, com certa normalidade, Manuzio inaugurou sua

---

3. E. Palacios Fernández, *op. cit.*

tipografia com tipos novos, mandados entalhar de acordo com suas exigentes e minuciosas preferências de forma.

Os primeiros tipos que mandou entalhar foram do alfabeto grego. À arriscada decisão de imprimir textos clássicos em caracteres gregos é preciso acrescentar-se uma dupla dificuldade: não existiam tipos móveis dessa língua no mercado, e, além disso, impunha-se, para produzi-los, enfrentar diversos obstáculos técnicos. Por exemplo: o alfabeto grego contava com muitos mais sinais do que o latino e com uma série de acentos e sinais de pontuação a serem incorporados a determinadas letras no mesmo bloco de metal, com o propósito de mantê-los bem ajustados ao correspondente sinal tipográfico. Isso implicava, claro, a preparação de toda uma série de diferentes matrizes para algumas letras, conforme os modos de acentuação e pontuação previstos na escrita grega[4].

Como recompensa de esforço tão intenso, as fontes criadas são tidas como excelentes pela crítica tipográfica geral. Na opinião de Omont, Manuzio foi "o verdadeiro fundador da tipologia grega"[5]. As primeiras fontes foram entalhadas por calígrafos e artesãos gregos, estabelecidos em Veneza depois da queda de Bizâncio, entre os quais estava Giovanni Rosso, um dos seus colaboradores mais ativos e que, com o tempo, chegou a fazer parte da Neoacademia fundada por Aldo em 1499.

A terceira tipologia seria entalhada por Francesco Griffo (o mais perfeito gravador de tipos, não só gregos como latinos e hebraicos, e futuro criador da famosa cursiva aldina); ao que parece, foi a que teve melhor aceitação. Da mesma forma que o fizera como editor, decidido a buscar colaboradores de altíssima competência para assegurar-se dos melhores resultados possíveis[6], Aldo encarregou em 1494 a Griffo, que era joalheiro bolonhês e

---

4. S. H. Steinberg, *Five Hundred Years of Printing*, Harmondsworth, Penguin Books, 1969.
5. H. Omont, *op. cit.*
6. M. Lowry, *The World of Aldus Manutius. Business and Scholarship in Renaissance Venice*, Oxford, Blackwell, 1979.

Aldo Manuzio, página do livro Comédias Novas, *de Aristófanes, Veneza, 1498, in-fólio, 206 x 320 mm.*

acabara de chegar em Veneza, a direção da gravação e fundição de todos os caracteres tipográficos que se entalharam no ateliê.

Tão excelentes foram os novos tipos do alfabeto grego postos em circulação por Manuzio, que logo surgiram imitações em toda a Europa – constante essa deplorável na obra aldina, que lhe causou grandes desgostos e preocupações permanentes até o fim de sua vida. Os primeiros imitadores dessa modalidade apareceram, quase ao mesmo tempo, em Nuremberg (Conrad Celter), Estrasburgo (Mathias Schürer), Augsburgo (Johann Miller), Leipzig (Valentin Schumann), Colônia (Cervicornus, Soter e Gymnich), Pforzhein, Tübingen e Haguenau (Thomas Anshelm), assim como na Basileia (com o já citado Johannes Fröben), Paris e Lion, apesar de compor o texto da página em bloco, fugindo sistematicamente da turbulência comum – gótico-alemã – de coluna dupla[7].

O primeiro alfabeto, utilizado no *Opúsculo sobre Hero e Leandro* (1494), era "grande, alto, unido e esculpido com um traço como se tivesse sido escrito a mão, com pena; bem diferente do existente em *Os Erotómanos com Interpretação Latina*, de Lascaris (1495), de forma tipicamente tipográfica, que se adapta às maravilhas ao tipo romano próprio da tradução latina, com aspecto geral tão agradável e claro que não causa o menor aborrecimento estudar nele a gramática. Tudo isso passando pelo Aristófanes (1498) de tipos grandes e pequenos, esplêndidos; pelo Dioscórides (1499) e, sobretudo, pelos deliciosos caracteres do Sófocles de bolso (1502), pequeníssimos, finos e claros, de linhas precisas, onde desapareceram as ligaduras e a composição resulta assim mais regular e harmoniosa"[8].

Existem pelo menos seis tipos aldinos de caracteres gregos; atentando-se nas despesas com a gravação a buril, com a moldagem das matrizes e com a fundição dessas fontes tipográficas, conclui-se que o investimento terá sido considerável e, portanto,

7. L. P. V. Febvre & H. J. Martin, *op. cit.*
8. M. Dazzi, *op. cit.*

num empreendimento editorial recém-iniciado como aquele, tinha que ser decisivo. Apesar disso, Aldo não hesitou nunca em criar quantos tipos desejou, mesmo sem perspectivas claras de contar com uma amortização, senão rápida, pelo menos razoável.

Tal atitude deixa entrever até que ponto arraigava-se nele uma sensibilidade estética exigente e inelutável, agravada talvez pelo fato de viver então em Veneza e em pleno Renascimento.

No primeiro livro editado completamente em latim, *De Aetna*, de Pietro Bembo (1495), o joalheiro gravador Griffo surgiu com um tipo inédito de redonda, despojado por completo da magnífica Jenson, assim como da tendência de engrossar visivelmente os traços da letra para obter assim o peso visual correto, depois de composto em blocos e paginado. Esta característica própria do tipo bembo (o nome original do cardeal-poeta figura ainda nos catálogos e caixas tipográficas atuais) revela outro aspecto do amplo registro de exigências reunidas por Manuzio. Ao examinar o processo de impressão, o erudito Dazzi não hesita em destacar esse extremo quando escreve que é "nesse sentido que os tipos aldinos se *imprimem* melhor que os Jenson"[9]. Apesar da qualidade do tipo redondo bembo, Aldo se empenha em melhorá-lo, encomendando a Griffo duas novas versões: uma para as *Cornucopiae* de Perotti e outra para o *Hypnerotomachia Poliphili* de Colonna, ambas de 1499, com justiça eleitas como as melhores da produção aldina de redondas.

Bem proporcionada e de leitura clara, a bembo que Aldo inaugurou com o livro de seu bom amigo e colaborador beneficiou-se também de outra novidade que facilitava a clareza do texto e tornava mais cômoda a leitura. Trata-se dos sinais inéditos de pontuação, provavelmente exigidos pelo poeta, e que a partir daí foram incorporados à escrituração manuscrita ou impressa, sem exceção: o ponto e vírgula e o apóstrofo[10].

9. *Idem*.
10. *Idem*.

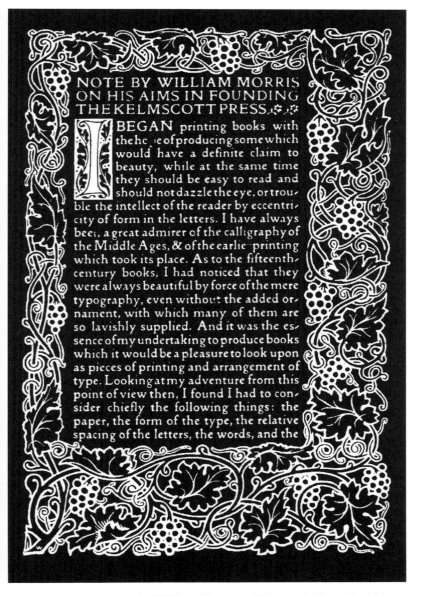

William Morris, Note by William Morris on His Aims in Founding the Kelmscott Press, *Londres, 1898, in-quarto.*

Embora Aldo não esconda sua admiração pelos demais tipos esculpidos por Griffo — muito pelo contrário, manifesta-o publicamente no frontispício do Virgílio, que em 1501 inaugurou sua coleção de bolso, impressionante no fundo e na forma —, não se dá por satisfeito com eles. De fato, jamais se mostrará satisfeito de todo com o que fez; talvez devamos a essa inquietude filosófica e existencial muitas de suas inovações, algumas apenas experimentadas. Contabilizam-se, por exemplo, cinco versões diferentes de romanas aldinas que, somadas às seis gregas e às cursivas que chegou a fundir, conferem à primeira e modesta tipografia da rua Pistor (diante da igreja de Santo Agostinho, atualmente demolida), um caráter de autêntica fábrica de fundição tipográfica, quase que suicida, do ponto de vista econômico.

Um editor e tipógrafo do século xix que buscou assemelhar-se o quanto pôde a Manuzio, melhor aparelhado economicamente e dotado ademais de especial talento para o desempenho gráfico, como foi William Morris (e que certamente dispunha em sua casa de notável coleção de livros aldinos e incunábulos), mal conseguiu gravar e fundir três tipos completos: o Chaucer e as duas versões conhecidas de Golden, inspirados todos na tipografia criada por Nicholas Jenson.

Na utopia "projetada" por Morris em seu livro *News From Nowhere* aparece sentida homenagem à tipografia canônica daquele período, dedicada implicitamente a Jenson e a Manuzio: "Observe que os livros do século xv eram singelamente belos por causa de sua tipografia, mesmo sem os clássicos ornamentos, alguns dos quais eram excessivos. Meu empenho fundamental ao produzir livros foi o de que resultassem em prazer para a vista, ao serem contemplados como peças de impressão e composição tipográficas. Sob esse ponto de vista, compreendi que devia levar em conta, prioritariamente, as seguintes coisas: o papel, a forma do tipo, o devido espacejamento das letras, das palavras e das margens"[11].

---

11. W. Morris, *News from Nowhere*, London, Kelmscott Press, 1892. Existe edição castelhana: *Noticiais de Ninguma Parte*, Vizcaya — Madrid, Zero, 1972.

Sem dúvida se fazem elogios sobre a figura e a obra de Aldo Manuzio na maioria dos textos críticos sobre gravuras e livros impressos nessa época inicial. Paul Westheim, por exemplo, erudito em gravuras xilográficas e que mencionaremos de novo adiante, ao considerar a impressionante edição aldina ilustrada – *Hypnerotomachia Poliphili*, de 1499 –, disse de passagem que os leitores italianos já se deleitavam tanto com os livros impressos por Manuzio, numa tipografia tão refinada, que não careciam de ilustrações[12]. Um dos primeiros apologistas de Aldo foi Erasmo de Rotterdam. O grande humanista holandês era reconhecido bibliófilo e não ficou insensível aos processos tipográficos de Manuzio, quem sabe por fazer parte também, como o tipógrafo, da geração que nasceu e cresceu com a imprensa, como sugere um de seus biógrafos modernos mais conhecidos, o também holandês Johan Huizinga: "Era verdadeiro amante dos livros, daqueles que levaram a sério um tipo de letra ou um formato, e não por mero gosto artístico, mas porque isso os tornava de leitura mais cômoda ou mais práticos"[13].

Por isso, talvez lhe agradavam tanto os livros editados por Aldo em Veneza, a ponto de exclamar – com conhecimento tipográfico certamente refinado e incomum – que a todos preferia os compostos em tipos menores (referia-se aparentemente ao corpo 10), norma tipográfica escrupulosamente observada nas edições de bolso iniciadas em 1501. Ao contrário de Kafka – cujo gosto tipográfico mostra-se bem mais grosseiro – que quatro séculos depois solicitava ao seu editor Ernst Rowolt que lhe editasse *Prosa Menor* "com o tipo maior possível e que a encadernação fosse em cartonado escuro e papel colorido"[14].

12. P. Westheim, *Das Holzschnittbuch*, Potsdam, Gustav Kiepenhener Verlag, 1921. Existe edição castelhana: *El Grabado en Madera*, México, Fondo de Cultura Económica, 1954, 1967.
13. Johan Huizinga, *Erasme*, Paris, Éditions Gallimard, 1965. Existem edições castelhanas: *Erasmo*, Barcelona, Ediciones del Zodíaco, 1946, e *Erasmo (I-II)*, Barcelona, Salvat Editores, 1987.
14. S. Unseld, *op. cit.*

Pelo que vimos, foi essa preferência singela que levou Erasmo a aproximar-se do ateliê de Aldo em Veneza, seguindo o rastro tipográfico que tinham deixado suas excepcionais edições pela Europa, tornando famoso o nome do impressor italiano e de seu característico símbolo da âncora e do delfim.

Como se não bastasse, Aldo inaugurou ainda com as *Bucólicas*, as *Geórgicas* e a *Eneida* de Virgílio a coleção de bolso mais antiga do mundo, inventando além disso um tipo novo, projetado especificamente para sua adaptação ao formato pequeno do livro (10 x 15 cm mais ou menos). Esse tipo passou a designar-se, a partir daí, de modo indistinto e simultâneo, com os nomes de itálico, chanceler, aldino ou simplesmente cursivo, como o apelidou o autor. Na Espanha chamaram-no em geral bastardos, embora durante séculos se denominasse também "grifo", em honra – ao que parece – de seu gravador. No entanto, o grande calígrafo Torcuato Torío de la Riva expôs teoria bem mais verossímil, segundo a qual a homenagem visava ao impressor de origem suíça Sebastian Grifo, estabelecido em Lion, graças a suas coleções famosas em letra cursiva, que publicou uns quinze anos depois da morte de Aldo[15].

Era, de fato, um tipo de corpo pequeno ligeiramente inclinado, leve e facilmente legível, algo estreito para permitir encaixar nas linhas daqueles livrinhos (linhas curtas de 6,5 cm quase sempre) o maior número possível de caracteres (chegavam quase a cinquenta). A bem da verdade, esse tipo não se caracterizava tanto pela inclinação das letras quanto pela inclinação das formas; daí resulta outra unidade – essa estreitamente formal – sutil e notável, já que na Itália as itálicas são praticamente eretas, como o é, por exemplo, a castiglione. Segundo o ensinamento de Torío de la Riva, a cursiva aldina tinha uma inclinação dois graus inferior às menos torcidas (quatro a cinco graus), e uma proporção ótima de cinco *gruesos** de

---

15. T. Torío de la Riva, *Arte de Escrebir*, Madrid, Viuda de Joaquín Ibarra, 1802.

* *Gruesos*: medida tipográfica que determina a espessura do negrito de uma letra (N. do T.).

altura por quatro de largura, padrão seguido depois pela grande maioria das gráficas europeias[16].

A cursiva só se fez novidade no setor tipográfico, uma vez que a letra manuscrita era normalmente assim, "torcida", e as lendas que se baseiam na inspiração repentina de Aldo na letra manuscrita de Petrarca, ou na caligrafia típica empregada na refinada chancelaria papal (daí chamar-se chanceler), que os humanistas procuram reproduzir em seus escritos – são fios do mesmo novelo. A transcendência histórica de Manuzio, e muito provavelmente a influência imediata que exerceu sobre seus competidores, não se deve tanto à natureza artística de seus achados, como a seu espírito pragmático e à dose de bom senso que aplicava, permitindo-lhe inspirar-se nas coisas mais incríveis e prosaicas.

Por outro lado, a ignorada pirataria de que foi objeto o conjunto de sua obra pela Europa, por parte dos tipógrafos seus contemporâneos, conta com alguma nobre exceção indicativa do quanto o consideravam – pública ou tacitamente – um mestre inovador e vanguardista, cujas pegadas deviam ser seguidas – e quanto mais frescas, melhor. Johannes Sturm, fundador em Estrasburgo do primeiro Gymnasium (escola onde se ia aprender, a um só tempo, cultura e literatura gregas, em nível equivalente ao de nossos atuais institutos), reimprimiu edições aldinas para os estudantes, declinando expressamente a procedência: "Seguimos as edições de Aldo, em parte devido à sua autoridade pessoal, em parte também pelas notas que contém de eruditos italianos"[17]. No entanto, outros não foram – longe disso – tão honestos, como foi o caso de seu compatriota Girolamo Soncino, impressor que acusou Aldo "de enfeitar-se com penas alheias"[18], buscando disputar-lhe com a maior grosseria a invenção da tipologia cursiva, exibindo um livro sobre Petrarca, editado dois anos depois do Virgílio aldino! O mesmíssimo Francesco Griffo, a quem sem

16. *Idem, ibidem.*
17. S. H. Steinberg, *op. cit.*
18. T. Torío de la Riva, *op. cit.*

dúvida subiram perigosamente à cabeça o êxito dos livros aldinos e os elogios de Manuzio[19], não hesitou em talhar tipos apócrifos para edições piratas, em particular as que se faziam em Lion para os Giunta florentinos.

"Irritado, Aldo imprimiu em 1503 uma nota, *Aldi monitum in lugdunenses typographos*, enumerando os erros e erratas das edições piratas, que só serviu para que os lionenses os evitassem em edições posteriores. Por outro lado, o esforço para tolher o uso da cursiva era o mesmo que pôr dique ao mar, pois esse tipo acabou sendo considerado a letra mais conveniente para a literatura clássica."[20]

Apesar dos obstáculos, Aldo avançou impávido e lançou os alicerces da tipografia moderna, ajudou a fixar a tipologia redonda e inventou a cursiva. Talvez seja este o sentimento profundo que levou Sir Stanley Morison – o grande projetista em 1931 do tipo Times New Roman, erudito e historiador da tipografia – a afirmar que "Manuzio inaugurou isoladamente uma nova era da tipografia"[21].

Nem todos os estudiosos que investigaram a vida e a obra de Aldo conhecem e valorizam a tipografia como o fez o venerável renovador da diagramação do periódico *The Times*, pois com frequência o tratam como se fora mais um artista da Renascença. Causa assim surpresa que, do concerto de elogios dedicados a tão destacado editor, tipógrafo e livreiro, sobreleve-se a nota discordante de dois sábios como Curt F. Bühler e Robert Proctor, a propósito da suposta excelência tipográfica dos livros aldinos. Sábios que, por sorte, o indiscutível Martin Lowry enquadrou devidamente não faz muito, de modo aliás elogiável, valendo-se de sua autoridade e no seio de um grêmio intelectual pouco inclinado à crítica deontológica:

"Começo a suspeitar – escreveu, referindo-se aos citados sábios – que os grandes bibliófilos vivem nas nuvens, num mundo

---

19. M. Lowry, *op. cit.*
20. H. Escobar, *op. cit.*
21. M. Lowry, *op. cit.*

de verdades estéticas imutáveis, e que seu conhecimento enciclopédico do exterior dos livros oscila às vezes em meio à ignorância dos conteúdos e até das circunstâncias externas. Em qualquer hipótese, considerar Aldo simplesmente como um fabricante de livros é de todo improcedente."[22]

De fato, mesmo sendo respeitáveis, o valor de certas opiniões sobre a vulgaridade caligráfica dos tipos gregos e das cursivas gravadas por Griffo, Campagnola e outros resultam, mais que discutíveis, irrisórias, sobretudo se tais tipos são comparados, por exemplo, com os contemporâneos alemães. Se não bastasse, na abordagem técnica e estética da tipografia aldina revela-se algo simplesmente único: o compromisso de um homem inteligente e sensível que trabalhou para a definição formal e normativa – canônica, poderíamos chamá-la – do livro impresso.

Mesmo não sendo em absoluto ociosa, não é uma crítica de arte o que pedem os livros aldinos; é assim que se deve interpretar as palavras oraculares de Erasmo, ao escrever que eles "eram os livros mais belos do mundo"[23]. Não nos parece que pensasse literalmente em suas próprias "preferências artísticas" – Huizinga também recusa essa atribuição às palavras do humanista da Renascença – e sim, sobretudo, na "clareza dos tipos". Sob esse aspecto concreto não achou melhores as obras impressas por seus velhos amigos Amerbach e Fröben (espíritos de escol que gozaram também da amizade do grande pintor Hans Holbein). Jamais o citou explicitamente.

Ao fazer o testamento, e uma vez dispostos em paz seu corpo e sua alma, seus bens e seus livros, Manuzio dirigiu-se a seu sogro, notável tipógrafo como ele, pedindo-lhe com veemência que cuidasse acima de tudo "daquele caráter cursivo que chamamos de chanceler, com o objetivo de completá-lo como merece; e isso, pelas mãos excepcionais de Giulio Campagnola"[24].

22. Idem, ibidem.
23. M. Dazzi, op. cit.
24. Idem, ibidem.

Campagnola foi o terceiro gravador de tipos a trabalhar exclusivamente para Manuzio e, parece, o mais fiel. Apontamos já certa infidelidade ditada pela soberba do primeiro, Francesco Griffo, que o levou finalmente a buscar fortuna por conta própria e, para sua desgraça, com mais sofrimento que glória. O segundo, Giacomo, "o húngaro", acabou por consagrar suas habilidades imprimindo partituras musicais. Em contrapartida, Giulio Campagnola soube alternar sabiamente as surpreendentes ocupações de gravador de tipos, pintor, escultor, poeta e calígrafo; diz-se que foi muito bem aceito nos círculos intelectuais e nas cortes belicosas de Pádua, Mântua e Ferrara[25].

Seja como for, a esta altura da história da tipografia, pouco importa discutir se a imprensa foi ou não o objetivo exclusivo – ou sequer primordial – de sua vida. É também irrelevante debater se os livros editados pelas divinas prensas aldinas são ou não os mais belos do mundo. O que deveras conta – e isso se impõe afirmá-lo com tanta singeleza quanto determinação – é que sem conjunto de inovações no campo da edição de livros impressos é de extraordinária grandeza, por mais que os limites de tão geniais descobrimentos sejam postos por alguns nos limites da perfeição e, por outros – como Bühler e Proctor –, no extremo oposto.

Para maior confusão, o sentido de ambivalência que parece marcar a personalidade (e a própria vida) de Aldo aflora com certa persistência em sua condição simultânea de editor e tipógrafo; em sua dimensão cultural a um só tempo erudita e pragmática; em sua anômala experiência conjugal, enfim, iniciada em plena febre tipográfica com uma jovenzinha, mais nova que ele cerca de quarenta anos.

Tudo interfere, se não dificulta a interpretação diáfana das últimas razões que o induziram a fazer determinadas coisas. Talvez uma parte da possível resposta se encontre de novo, como na interpretação da tela *A Tempestade* – a que aludimos atrás –, nas ideias

25. M. Lowry, *op. cit.*

Stanley Morison, Bíblia, composta em Times New Roman, Cambridge University Press, 1932, in-quarto.

VSCITI FORA DILLA NAVICVLA ALLINCONTRO
INFINITE NYMPHE VENERON CVM TROPHAEI SV
PERBAMENTE INDVTE. POLIPHILO NARRA, ET IL
MYSTERIOSO MODO, CHE GLI DIVINI GESTAMINI
A CVPIDINE ELLE OFFERIRONO, ET CVM QVALE
HONORARIO PROCESSO, POSTOSE A SEDERE SO-
PRA IL TRIVMPHALE VEHICVLO.ET POLIA ET POLI
PHILO AMBOLIGATI DRIETO SEQVENTI, CVM MA-
XIMO TRIVMPHO ALLA PORTA DIL MI-
RABILE AMPHITHEATRO PER VE-
NERON. ILQVALE, ET FORA,
ET INTRO PLENAMEN-
TE ELLO IL DISCRI
VE.

VAVEMENTE CVM MITE AVRA SPI-
rante zephyro uibrate molliculamente le decore & au
ree pinnule dil diuino puello, & cum il suo tranquillo
spirito uehente al refluo littore peruenuti molte & infi
nite semidee dorophore, & insigne nymphe, cum per-
spicua pulchritudine, exeunti nui dilla fatale nauicu-
la. Dirincontro psta mente, al diuino, & aligero puero, cu agregario agmi
ne, cu magno apparato di ornamenti, & di pompe, & sumptuosi uestime
ti, cum diuo fasto & culto, piu che regio, cum exquisitissimo exornato p-
cipue & solemnemete uenerante, di tenera, & florentissima ætatula q̃ iu-
cundissime pyrriche, cum uirginei allectabuli, & coelesti, & ill ustri aspe-
cti humilmente, & cum decentissimo famulitio obsequiose tute se dapati
ce offerirono. Et ante tute le thereutice pastophore, pyrgophore, & le anti
ludie iubilate pcedeuano, cum trophæi di militare decoramenti in hasta
di oro sicilitate dispositi, cum la thoraca dil furiale Pyroente, cum laltre
armature deuicte, & cum larco transuersariamente pendice retine-
te la thoraca, & cu la spiculata pharetra & secure alle extremi
tate di larco inuiculate, & sotto la thoraca explicato lo
rete, cum una subiecta facie di puerulo alata, &
gemía, & uno pomo suffixo alla facia nella hasta per medio traiectate, & nella summitate la stellata galea.

* * * * *
* * *
*

Aldo Manuzio, página do livro Hypnerotomachia Poliphili, *de Francesco Colonna, Veneza, 1499, in-fólio, 202 x 312 mm.*

neoplatônicas que Marsilio Ficino divulgou em sua *Vida Contemplativa*, e que pressupomos Aldo conhecia e dela partilhava.

Ficino distingue claramente dois valores diferentes, ambos positivos: o céu e a terra ou a Vênus Celeste e a Vênus Terrestre. Trata-se sempre de duas forças opostas e ao mesmo tempo complementares, como as cores. Uma é a inteligência pura e elevada – digamos teórica – enquanto a outra – digamos prática – proporciona vida e forma às coisas da natureza, tornando assim a beleza acessível à percepção.

Esse pensamento elevado e ao mesmo tempo perturbador parece feito sob medida para o gosto peculiar de Manuzio. De fato, humanista neoplatônico como Pico della Mirandola (que contrapôs suas teorias com as de Ficino em ampla e cultíssima discussão filosófica de que participavam também as obras de Niccolò di Cusa e Francesco Giorgio Veneto, entre outros), concentra perfeitamente em sua pessoa e em sua obra uma ambivalência contraditória, criadora, fecunda e enriquecedora que cresce à sombra renascentista das ideias de Platão. Nesse sentido, uma imagem definitivamente neoplatônica como a Tríade (que Pico trazia significativamente pendurada no pescoço em forma de medalhão com *As Três Graças*) reproduz-se diáfana na reiterada condição profissional de Manuzio, também curiosamente tríplice: editor, tipógrafo, livreiro[26].

Essa mente, enfim, preclara e culta, que escolhia minuciosamente os melhores livros, com o objetivo de regenerar a sociedade através da cultura impressa, era capaz, em seguida, de aliar formalmente uma mensagem cultural elitista – como a de um complemento feérico de beleza física tão irresistível quanto funcional – passando no processo editorial da decisão de publicar determinada obra (1) à vocação de prepará-la editorialmente (2),

---

26. E. Wind, *Pagan Mysteries in the Renaissance*, London, Faber and Faber, 1968, e edição revisada, Oxford, 1980. Existe edição castelhana: *Los Misterios Paganos del Renacimiento*, Barcelona, Barral Editores, 1972.

e da devoção de projetá-la e imprimi-la (3) à obrigação de distribuí-la com eficácia e vendê-la (4).

Como se pode deduzir, isso tudo acontece de forma cósmica, alternativa e sincrônica, em curioso paralelismo com a representação que Ficino oferece das quatro figuras canônicas do neoplatonismo: 1. *Nuditas Virtualis*; 2. *Nuditas Temporalis*; 3. *Nuditas Terrenalis* e 4. *Nuditas Criminalis*[27].

Motivações estranhas, que Manuzio manifesta decididamente, com urgência histórica inquietante por certo. Quem sabe se na raiz de tamanha impaciência gloriosa não se imiscui já a convicção de que jamais disporá de tempo suficiente. Por um lado, começou tarde e tem consciência de que não conseguirá terminar o programa editorial que se propôs e assim costuma manifestá-lo. Por outro lado, o ofício de tipógrafo – a que não está disposto a renunciar – era então demasiado desgastante e esgotava logo as energias dos mais fortes: Gutenberg exerceu-o só por doze anos em Mogúncia; igual período cumprido por Jenson em Veneza.

Em tais circunstâncias, chegar aos vinte anos de prática profissional, por exemplo, era quase milagre, e assim parece entendê-lo quando proclama numa frase metafórica pendurada no ateliê, e digna do mais inspirado Valdés Leal: "O tempo prensa"[28].

Ou, melhor ainda que o pintor de caveiras sevilhano, lembra o que aprenderam de Platão o próprio Aldo, Erasmo e Aleandro (outro dos inevitáveis membros da Neoacademia) e, naturalmente, as escolas filosóficas que representavam Ficino e Pico della Mirandola: "As coisas mais profundas expressam-se melhor em tom irônico"[29]; e Horácio: "Dizer a verdade sorrindo"[30].

Faz parte também desta mesma angústia produzida pelo passar do tempo a queixa amarga que ele dirige aos admiradores da tipografia: "Todos vós, em uníssono, elogiais e pregais como be-

27. E. Panofsky, *op. cit.*
28. M. Dazzi, *op. cit.*
29. E. Wind, *op. cit.*
30. M. Dazzi, *op. cit.*

líssima e utilíssima esta nossa invenção. E é verdade; mas ao mesmo tempo inventamos o meio de martirizar-nos"[31].

Essa inventiva de caráter pragmático, tão característica de Aldo, volta a manifestar-se com toda a força na invenção do livro de bolso. Na realidade, Manuzio limita-se a combinar dois dados que tem à mão – como poderia tê-los outro qualquer – e a extrair deles uma conclusão brilhante, eficaz e competitiva sem par; e que hoje ninguém hesitaria em qualificar de genial. Continou agindo da mesma forma, quando pôs ao alcance de estudantes e estudiosos os clássicos greco-latinos, quando introduziu a tipografia cursiva para ganhar espaços nas linhas e nas páginas – mas sobretudo para ganhar leitores –, aproveitando a familiaridade dos letrados com os manuscritos e caligrafias usuais, inevitavelmente "torcidas" ou inclinadas.

O primeiro dos elementos envolvidos é que o formato in--oitavo era popular por ser o mais corrente em devocionários, breviários e livros de horas fazia séculos, enquanto o formato in-fólio teimava em assemelhar-se aos códices com iluminuras, mais solenes e tradicionais. O segundo elemento é que a aparição da imprensa mudará o perfil do público-leitor, não sendo, pois, só os estudantes e estudiosos os interessados na leitura, mas também, e de modo crescente, damas e cavalheiros cultos, quer dizer, os círculos cortesãos e as elites italianas e europeias.

Com esses "descobrimentos" e seus inventos consequentes e funcionais, Aldo revoluciona de novo a indústria rotineira – apesar de florescente – do livro impresso. E o fez de maneira impactante, no que tange ao livro de bolso, porquanto não se pode negar que, nos quinhentos anos da história e evolução desse produto editorial, os avanços sob o ponto de vista formal foram em geral irrisórios.

Tome-se como referência, por exemplo, a coleção de bolso mais famosa do mundo: a Penguin Books inglesa do tempo de

31. C. Augustijn, *op. cit.*

THE
WOMAN OF ROME

A NOVEL BY
ALBERTO MORAVIA

TRANSLATED BY
LYDIA HOLLAND

PENGUIN BOOKS
IN ASSOCIATION WITH
SECKER AND WARBURG

Jan Tschichold, folha de rosto de livro da coleção de bolso Penguin Books, Londres, 1947-1949, in-oitavo, 110 x 180 mm.

XV

LOS TRES

Estaba la señorita de pueblo muy gozosa en medio de las risueñas praderas, sin las trabas enojosas de las pragmáticas sociales de su señor padre, y así, en cuanto se vió a regular distancia de la casa, empezó a correr alegremente y a suspenderse de las ramas de los árboles que a su alcance veía, para balancearse ligeramente en ellas. Tocaba con las yemas de sus dedos las moras silvestres, y cuando las hallaba maduras cogía tres, una para cada boca.

—Ésta para ti, primito —decía, poniéndosela en la boca—, y ésta para ti, Nela. Dejaré para mí la más chica.

Al ver cruzar los pájaros a su lado, no podía resistir movimientos semejantes a una graciosa pretensión de volar, y decía: «¿Adónde irán ahora esos bribones?». De todos los robles cogía una rama, y abriendo la bellota para ver lo que había dentro, la mordía, y al sentir su amargor, arrojábala lejos. Un botánico atacado del delirio de las clasificaciones no hubiera coleccionado con tanto afán como ella todas las flores bonitas que le salían al paso, dándole la bienvenida desde el suelo con sus carillas de fiesta. Con lo recolectado en media hora adornó todos los ojales de la americana de su primo, los cabellos de la Nela y, por último, sus propios cabellos.

—A la primita —dijo Pablo— le gustará ver las minas. Nela, ¿no te parece que bajemos?

—Sí, bajemos... Por aquí, señorita.

—Pero no me hagan pasar por túneles, que me da mucho miedo. Eso sí que no lo consiento —dijo Florentina, siguiéndoles—. Primo, ¿tú y la Nela paseáis mucho por aquí? Esto es precioso. Aquí viviría yo toda mi vida...

Página de texto da coleção de bolso Austral, de Espasa-Calpe, Buenos Aires, 1937, in-oitavo, 115 x 175 mm.

Allen Lane. Apesar da intervenção brilhante, eficaz e competitiva – as chamadas três virtudes capitais do projeto criativo – do grande projetista gráfico alemão Jan Tschichold (uma das autoridades que apresentam maiores soluções no projeto de livros do século XX), o aspecto da popular coleção que ele criou – e cuja implementação coordenou entre 1947 e 1949 – apresenta, comparada com a excepcional biblioteca aldina, diferenças irrelevantes. Isso é tanto mais exato, se se considera o progresso espetacular implementado, pelo menos no plano técnico, na produção industrial de livros em série, do século XV até nossos dias.

Por exemplo, no tocante às medidas ideais do formato, passou-se – nesses quinhentos anos – dos 10 x 15 cm, que em média medem os de Aldo (com altura máxima de 17 cm), aos 11 x 18 cm que a Penguim fixou para seu livro de bolso em 1935, antes da chegada de Tschichold. Modificação essa condicionada sem dúvida pelo aproveitamento das folhas de papel de grande formato (70 x 100 cm ou 77 x 110 cm).

A norma canônica – a de Aldo – aplica-se ainda hoje aos produtos de aceitação mais constante nessa especialidade editorial. Alianza Cien, por exemplo, talvez o êxito de vendas mais espetacular dos últimos anos, voltou aos 10 x 15 cm aldinos, partilhando das fórmulas exitosas do Millelire italiano e do Minibook da Penguin (este de êxito descomunal, como veremos no próximo capítulo), superando entre os cortesãos e cortesãs e os estudantes e estudiosos de nosso contexto a fabulosa cifra de três milhões de livrinhos por ano.

Anos atrás, a clássica coleção Austral (a rainha das coleções de bolso em castelhano, criada em 1937 na sede de Buenos Aires, como consequência da Guerra Civil Espanhola) só alterou minimamente as medidas para disfarçar a imitação dos livros da Penguin, por sinal flagrante, padronizando-as então em 11,5 x 17,5 cm. Posteriormente, e distante já da influência Penguin, o Livro de Bolso da Alianza Editorial voltou ao formato 11 x 18 cm em 1965.

366   Edgar Allan Poe

extranjero, el pequeño francés que vive frente a mi casa, mide apenas tres pies y un poquitín más. ¡Sí, el mismo que se pasa el día comiéndose con los ojos (¡para su mala suerte!) a la preciosa viuda Mistress Tracle, vecina mía (¡Dios la bendiga!) y excelente amiga y conocida! Habrá usted observado que el pequeño gusano anda un tanto alicaído y que lleva la mano izquierda en cabestrillo; bueno, precisamente me disponía a contarle por qué.

La verdad es muy sencilla, sí, señor; el mismísimo día en que llegué a Connaught y salí a ventilar mi apuesta figura a la calle, apenas me vio la viuda, que estaba asomada a la ventana, ¡zas, su corazón quedó instantáneamente prendado! Me di cuenta en seguida, como se imaginará, y juro ante Dios que es la santa verdad. Primero de todo vi que abría la ventana en un santiamén y que sacaba por ella unos ojazos abiertos de par en par, y después asomó un catalejo que la lindísima viuda se aplicó a un ojo, y que el diablo me cocine si ese ojo no habló tan claro como puede hacerlo un ojo de mujer, y me dijo: «¡Buenos días tenga usted, Sir Patrick O'Grandison, Baronet, encanto! ¡Vaya apuesto caballero! Sepa usted que mis garridos cuarenta años están desde ahora a sus órdenes, hermoso mío, siempre que le parezca bien». Pero no era a mí a quien iban a ganar en gentileza y buenos modales, de manera que le hice una reverencia que le hubiera partido a usted el corazón de contemplarla, me quité el sombrero con un gran saludo y le guiñé dos veces los ojos, como para decirle: «Bien ha dicho usted, hermosa criatura, Mrs. Tracle, encanto mío, y que me ahogue ahora mismo en un pantano si Sir Patrick O'Grandison, Baronet, no descarga una tonelada de amor a los pies de su alteza en menos tiempo del que toma cantar una tonada de Londonderry».

A la mañana siguiente, cuando estaba pensando si no sería de buena educación mandar una cartita amorosa a la viuda, apareció mi criado con una elegante tarjeta y me dijo que el nombre escrito en ella (porque yo nunca he podido leer nada impreso a causa de ser zurdo) era el de un Mosiú el conde Augusto Luquesi, *maître de danse*

Daniel Gil, página de texto da coleção de bolso da Alianza Editorial, Madrid, 1965, in-oitavo, 110 x 180 mm.

Quanto à evolução da mancha impressa, a questão é igualmente insignificante. A Biblioteca Aldina apresenta um retângulo que oscila entre 14,5 e 17 cíceros, por causa da diversidade de formatos (dificilmente há dois livros iguais), com média de 48 a 50 caracteres tipográficos – de corpo 10/11 – por linha, e 30 linhas por página. A Penguin Books passou a 19,5 cíceros, com 50-56 caracteres tipográficos por linha – de corpo 8/10,5 – e média de 37-38 linhas por página. Na Austral, por sua vez, os cíceros não passaram de 19 de mancha, com 50 caracteres tipográficos por linha – em geral de corpo 8/10 e com 35-37 linhas por página. Em livros com textos muito extensos empregavam letra pequena (e quase sempre demasiado pequena) para forçar mais espaços e mais linhas, diminuindo assim o número de páginas. A seu tempo, a Alianza também resolveu o problema com mancha maior, de 19 cíceros, média de 54 caracteres tipográficos por linha – de corpo 9/10 – e cerca de 38 apertadas linhas por página.

Que se pode falar do desenho tipográfico atual? Não muito. O extraordinário impacto das tipografias aldinas, que contrapunham o leve traço romano à pesada tipologia gótica alemã (uma tipografia com claras reminiscências nacionalistas e até folclóricas, a julgar por seu uso e abuso nos rótulos de cervejas e de salsichas tipo Frankfurt, que no século XX – entre-guerras – impuseram a seus editores-escritores como Herman Hesse e Robert Walser)[32], e a incrível invenção da graciosa cursiva para ganhar espaços e familiarizar os leitores com a letra manuscrita da época são esforços criadores de altíssimo voo que não se repetiram, como o reconhecia implicitamente o grande projetista tipográfico Sir Stanley Morison, ao escrever que Manuzio representou sozinho toda uma nova era da tipografia.

O mesmo Morison teve a honra de ver como se incorporava paulatinamente seu brilhante tipo nos textos das diversas coleções Penguin de bolso. E há que se admitir que são dos melhores li-

32. S. Unseld, *op. cit.*

taba en el gabinete vecino, donde sólo estaba su efigie velazqueña. Tampoco sería justo desdeñar esa capacidad de *trompe l'oeil* en aras de una presunta mayor pureza estética, puesto que el segundo deber de un retrato pintado (el primero es que sea un buen cuadro) es que se parezca a su modelo. Y no estaría de más, sea dicho de pasada, que en los museos y galerías actuales los ujieres impusieran silencio por respeto a los cuadros, como el camarero del Papa. En resumen, esta propiedad de Velázquez de lograr, con lo pintado, lo vivo no deja de ser un mérito enorme, aunque no sea el mayor de su pintura. Y la traigo a colación para expresar el asombro (o quizá la falta de asombro de algunos «exquisitos») al toparse con un pintor que luchó heroicamente, y triunfó, por liberarse del *bel air* de su época, por conseguir esa divina «sosera» que es el fruto de una absoluta sinceridad, visual y mental.

Sus personajes (puesto que se trata de un pintor de figuras, aunque sepa tratar el paisaje como nadie, a ratos y fondos perdidos) no nos parecen antiguos, salvo en los atavíos. En sus inmediatos antecesores como pintores áulicos de la corte de Madrid, Pantoja de la Cruz, Sánchez Coello, Villandrando, Bartolomé González, traje y persona forman un todo inseparable y sólo se explica su humanidad como subordinada al traje de gala o de luto que le da forma; sus facciones y sus gestos son «de época». Y no es que Velázquez no tenga que habérselas con las modas (en especial femeninas o infantiles) más abigarradas e hiperbólicas, cuyas artificiosas exageraciones representa con su pincel, impasible pero tierno, atento sin detallismos enojosos, como nadie las había pintado ni las pintará, a no ser Goya, convertidas en pintura pura. Pero los rostros, las manos y lo (poco) que cabe

Ángel Uriarte, página de texto da coleção de bolso Alianza Cien, Madrid, 1994, in-oitavo, 100 x 150 mm.

vros de bolso do século XX, apesar da vocação clássica – e portanto pouco ou nada vanguardista – dessa tipografia, comparada com as aldinas e a revolução que estas provocaram em seu tempo.

Para vergonha da editoração tipográfica espanhola, a coleção Austral exibiu ao longo de sua história, de modo quase sistemático, uma versão – bastante aceitável, diga-se de passagem – de um tipo híbrido chamado Aster, insistentemente empregado na edição de livros econômicos de texto, entre os quais se incluem os de bolso. Em contrapartida, a Alianza Editorial se valeu inicialmente de uma versão Garamond (a grande tipologia francesa do século XVI) de traços algo mais cheios para resistir comercialmente aos impactos das prensas contra os papéis ásperos, de tom amarelado e absorventes, característicos desse tipo de livros.

Por fim, não deveria surpreender-nos saber que no tocante aos papéis empregados nas edições contemporâneas e os da gloriosa Biblioteca Aldina não é possível tampouco qualquer comparação, por mais que um cuchê de 200 g/m^2 calandrado de forma nova (*martelé*, chamaram-no) e que permitia aliviar a custosa e incerta operação de plastificar as capas coincidisse, em fins dos anos 1950, com o lançamento no mercado de livros de bolso da Alianza. Isso bastou para desconcertar a concorrência: tinham todos que usar um papel semelhante ao do êxito madrilenho, e qualquer outra fórmula estava condenada ao fracasso. Parecia uma condição *sine qua non* para editorar-se coleções de bolso, e entre 1965 e 1975 os fabricantes daquele gênero de papel realizaram estupendo negócio, graças ao magnetismo que provocavam no setor editorial as capas de Daniel Gil.

Mas, para não insistir nas deficiências dos livros contemporâneos – que afinal algo de bom hão de possuir – limitemo-nos à estima da extraordinária qualidade dos aldinos, com papéis eternamente brancos, com excelência, com invejável dobragem e gramatura surpreendentemente mais leve que a dos atuais (o Eurípides de 1507 tem 160 páginas e a medida da lombada não excede a um centímetro), sem oxidações nem rastros de vermes

– os agentes devastadores dos livros antigos – e com um aroma agradável, orgânico e suave, quase comestível: como recém--saídos do forno do padeiro.

Claro que Manuzio tinha cuidado especial na seleção de suportes e costumava prover-se de papel de qualidade, cujo nome ressoa ainda no mercado dos tipógrafos de elite e artistas de obra gráfica: Fabriano. Papel fabricado por Pierfrancesco Barbarigo, empresário distintíssimo – era filho do duque veneziano – e bom amigo de Aldo, como demonstra o fato de ser o sócio mais importante e decisivo do ateliê (ver capítulo seguinte)[33].

Ao que parece, esse papel agradava em especial a Aldo porque era branco, sólido e bem colado, a ponto de permitir que se escrevesse nele. Em muitos dos livros de edições aldinas, conservados em bibliotecas, deparam-se margens carregadas de notas escritas em letras miúdas e claras. Vistas hoje, cerca de meio milênio após escritas, essas caligrafias indeléveis revelam duas coisas: a insuperável qualidade do papel e da cola empregada, que permitia a absorção gradual da tinta como se fora uma aquarela; e, não menos significativa, a marca aldina de deixar margens brancas generosas, suficientes para que os estudiosos pudessem recheá-las de anotações e comentários.

Essa exigência do papel se refinará ainda mais, longe das edições normais, nos exemplares fora de série com que costumava presentear personalidades diversas, e onde testou inclusive o uso de papéis em cores, outro sinal inovador desse ilustre tipógrafo de reconhecida modernidade.

A visão tridimensional, sinérgica e moderna que Manuzio tem do trabalho editorial em sua esplêndida complexidade – o conceito editorial como editor, o objeto editorial como tipógrafo e o comércio editorial em sua atuação como livreiro e vendedor –, permite-lhe atacar os processos de produção com extraordinária simplicidade e assombrosa visão do futuro.

33. M. Zorzi, *op. cit.*

Aldo Manuzio, *folha de rosto do livro de bolso* Tragédias, *de Eurípides, Veneza, 1513, in-oitavo, 95 x 161 mm.*

Vejamos um esplêndido exemplo, bem paradigmático, de sua conhecida preferência por livros sem ilustrações nem ornamentos. De fato, sua perseverança em esculpir tipos novos para cada ocasião, que a seu juízo o merecesse, confirma-lhe a vocação de concentrar todos os componentes formais da página na enganosa simplicidade da tipografia. Desnecessário dizer que as vantagens que soube extrair dessa arriscada orquestração é tão impressionante que, mesmo ao deixar uma sangria no começo de um texto, para poder iluminar à mão (se for do agrado do leitor) a inicial correspondente – e no vazio branco inclui uma maiúscula diminuta, como indicação da respectiva letra –, agradecemos hoje que os proprietários a tenham deixado sem pintar na maioria das vezes, bem como tenham conservado as margens: desse modo se pode contemplar toda a beleza de um livro sem concessões, segundo a concepção tipográfica de uma estética rígida e sóbria, como preferia Manuzio.

No entanto, quando precisava fazer concessões, também sabia fazê-las, sendo que em alguns casos devemos julgá-las geniais. Desconhecem-se por completo as razões que o levaram a ilustrar a edição de um dos primeiros textos de Francesco Colonna, intitulado *Hypnerotomachia Poliphili*, editado, ao que parece, por encomenda. Caso absolutamente único na história do livro ilustrado, publicado no quarto ano das edições aldinas (1499), cujo êxito, misteriosamente, não animou Manuzio a insistir nesse campo nunca mais. Existem obviamente outros livros nos catálogos aldinos com algumas ilustrações intercaladas no texto (de astronomia, ciências, medicina), mas o espantoso conjunto de 164 desenhos que mandou gravar para aquela joia bibliográfica não teve continuidade alguma, pelo menos no seu ateliê.

Mais uma vez a obra de Manuzio faz-se misteriosa. Jamais se decifrou o enigma do nome do artista que foi o autor das magníficas ilustrações a adornar o texto de Colonna. Texto talvez injustamente valorizado pelos círculos humanistas em geral, e pelos mais achegados a Aldo em particular, pois contém temas

Página ilustrada do livro Hypnerotomachia Poliphili, *de Francesco Colonna, Veneza, 1499, in-fólio, 202 x 312 mm.*

filosóficos neoplatônicos, assim como toda uma temática esotérica, claramente refletida em muitas das ilustrações, por menos que se conheça sua hermenêutica. Ao falar aqui de ilustrações, vem a propósito recordar as palavras de um bibliófilo empedernido, como o foi Walter Benjamin: "As de melhor linhagem descendem em linha direta do Renascimento, e um dos espécimes mais preciosos, o *Hypnerotomachia Poliphili*, é, por assim dizer, o título nobiliárquico"[34].

No tocante à paternidade dos desenhos, a questão se mantém no ar – conforme dito antes. Em alguma ilustração aparece pequena letra b minúscula, que levou alguns a pensar em um Bellini (Giovanni ou Gentile, sabe-se lá), considerando-se a excelência dos desenhos, o traço e a composição; outras peças induziram a pensar em Mantegna e ainda Carpaccio, sobretudo ao contemplar-se a da alcova da amada de Polifilo, em tudo semelhante a uma das famosas cenas da série dos grandes óleos dedicados à figuração da lenda de Santa Úrsula, ou então a de uma vista do bosque que lembra um fragmento concreto das pinturas que Carpaccio dedicará – poucos anos depois! – a São Jorge e São Jerônimo. Mas não terminam aqui as incógnitas em torno deste livro lendário, já que, por um ou outro motivo, se têm apontado os nomes de Jacopo de' Barbari, Cima da Conegliano, Lotto, Mocetto, Campagnolla... Especulou-se se o artista era pintor ou escultor, joalheiro ou ourives etc.

O fato é que a extraordinária variedade das soluções de composição e a inteligente e sensível simplificação dos elementos ilustrados, que não atrapalham a composição tipográfica, e sim a complementam magistralmente, não deixam outra alternativa: ou evidenciam a mão de um grande artista – seja quem for – ou denotam o genial entendimento de Manuzio com seus colaboradores, tenham sido eles os gravadores dos tipos móveis que

---

34. W. Benjamin, *Über Kinder, Jugend und Erziehung*, Frankfurt, Suhrkamp Verlag, 1969. Existe edição castelhana: *Reflexiones sobre Niños, Juguetes, Libros Infantiles, Jóvenes y Educación*, Buenos Aires, Ediciones Nueva Visión, 1974.

TRIVMPHVS

ce ligatura alla fistula tubale,Gli altri dui cũ ueterrimi cornitibici concordi ciascuno & cum gli instrumenti delle Equitante nymphe.
Sotto lequale triũphale seiughe era laxide nel meditullo, Nelqͤle gli rotali radii erano infixi, deliniamento Balustico,gracilitcenti seposa negli mucronati labii cum uno pomulo alla circunferentia. Elquale Polo era di finissimo & ponderoso oro, repudiante el rodicabile erugine,& lo incēdioso Vulcano,della uirtute & pace exitiale ueneno. Summamente dagli festigianti celebrato,cum moderate ,& repentine riuolutiõe intorno saltanti,cum solemnissimi plausi , cum gli habiti cincti di fasceole uolitante,Et le sedente sopra gli trahenti centauri. La Sancta cagione, & diuino mysterio,inuoce cõsone & carmini cancionali cum extrema exultatione amorosamente lauda
uano.
**
*

Página dupla ilustrada do livro Hypnerotomachia Poliphili, *de Francesco Colonna, Veneza, 1499, in-fólio, 202 x 312 mm.*

ele concebia ou os desenhistas das ilustrações e vinhetas pedidas por ele.

Um ilustrador tão renomado como o inglês Walter Crane, colaborador habitual de William Morris (o grande editor do século XIX, que com tanta naturalidade se identificava com Jenson e Manuzio, e que persistiu na harmonia de composição das duas páginas espelhadas de um livro, considerando-as como um todo único), dizia de *Hypnerotomachia Poliphili*, em livro escrito em 1896 e valendo-se da sólida experiência profissional que ostentava: "O estilo de desenho, a qualidade do traço, a simplicidade, às vezes a riqueza dos desenhos, o ar poético, o misticismo de alguns e o pragmatismo de outros, converte a série num todo inesquecível"[35].

Tal como ocorrera com a tipografia cursiva, com o formato de bolso e com tantos outros de seus achados, Aldo converteu a anedota em padrão. Numa descrição da xilogravura alemã e italiana da época, Westheim dizia que essa arte na Itália "estava voltada aos olhos de pessoas de educação eclética, esclarecidas na ciência e cultura da época, e às quais não faltava o estímulo proporcionado pelas criações plásticas. Tais olhos deliciavam-se com as obras impressas de Aldo Manuzio, de tipografia tão refinada que podiam prescindir da ilustração. Ao leitor italiano, menos ávido de aprendizado, menos necessitado de conhecimentos que o do norte, era-lhe mais fácil traduzir os pensamentos abstratos em imagens sensíveis, de sorte que para figurar-se em conceito não precisava que recebesse a palavra o reforço da forma plástica"[36].

Westheim cita Lippmann para fazê-lo repetir algo que vem a propósito quanto à suposição razoável a respeito do papel fundamental que teve o editor na ilustração emblemática e única do imortal *Hypnerotomachia*:

"A ilustração italiana não pretende ter voz própria, e menos ainda sobrepor-se ao texto. Sua ambição é ser ornamento, fator

---

35. W. Crane, *The Decorative Illustration of Books*, London e New York, George Bell and Sons, 1896.
36. P. Westheim, *op. cit.*

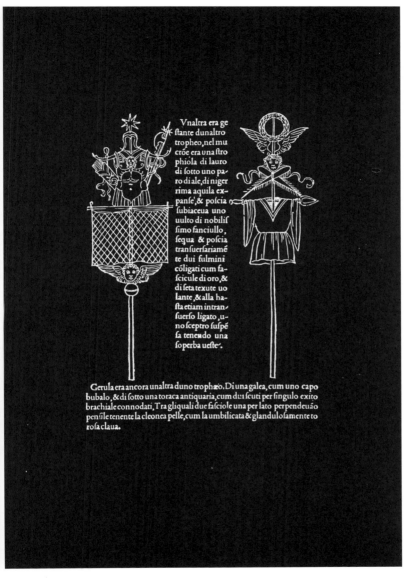

Página ilustrada do livro Hypnerotomachia Poliphili, *de Francesco Colonna, Veneza, 1499, in-fólio, 202 x 312 mm.*

secundário que não desvie do que é essencial, mas que, com sua graça e refinamento, propicie encanto à publicação. Sujeita-se inteiramente à estrutura da página, que por sua vez depende do talho da letra. E como em geral – prescindindo agora da moda fugaz que se satisfaz com o emprego insistente dos caracteres góticos – emprega-se a delicada e elegante letra romana antiga, é natural que se prefira um desenho leve, de traços sem sombras, que reparte o fundo branco da superfície mediante linhas finas e negras, da mesma forma que linhas finas e negras produzem o ornamento que são as próprias letras"[37].

Na opinião de George Painter – autoridade indiscutível em livros impressos do século xv –, a coisa está definitivamente clara, dir-se-ia que numa sentença lavrada: "A Bíblia de 42 linhas, de 1455, e o *Hypnerotomachia Poliphili*, de 1499, configuram sozinhos o período incunábulo de modo preeminente, um no começo e o outro no fim. A Bíblia de Gutenberg é sombria e severamente germânica, gótica, cristã e medieval; o *Hypnerotomachia*, em troca, é radiante e gostosamente italiano, clássico, pagão e renascentista. Ambos são as mais extraordinárias obras-primas da arte da impressão, situados nos dois polos das aspirações e dos desejos humanos"[38].

Se considerarmos que projetar – ou desenhar – é, em primeiro lugar, a expressão de um desejo, como bem disse o arquiteto Vittorio Gregotti[39], a alternância entre os conceitos de tipógrafo e projetista, com os quais se delineia a figura de Manuzio, não é de forma alguma fortuita, senão o fruto amadurecido de uma ação estética deliberada, consciente e refinada, e que o ofício de tipógrafo ele não o praticou jamais de modo mecânico, como era – e é – norma geral.

37. Idem, ibidem.
38. A. G. Thomas, *Great Books and Book Collectors*, New York, Simon & Schuster, 1983.
39. T. Maldonado, *La Speranza Progettuale*, Turim, Giulio Einaudi Editore, 1970.

Por isso mesmo, a excelência das ilustrações não deveria desmerecer a categoria tipográfica do resto do livro. Francesco Griffo, que não cessou de fazer experiências enquanto manteve colaboração com Aldo, entalhou para o livro sua melhor versão – segundo todos os especialistas – de letra romana redonda. É tamanha a beleza do livro neste caso, que só nos resta lamentar todas as edições surgidas no século xix, empenhadas na utilização de uma tipografia nova, ou com as ilustrações a esmo, sem a tipologia nem o enquadramento originais, como ocorreu em referidas edições, francesa e inglesa (nisso reincidindo a edição de 1981 do Colegio Oficial de Aparejadores y Arquitetos Técnicos de Valencia). Se houve, sem dúvida, boa vontade ao editá-lo e negligência ao mutilá-lo, que eram afinal esses franceses e ingleses que figuram na bibliografia: editores, piratas, tipógrafos, açougueiros, livreiros? Decididamente, era bom sabê-lo, para benefício da edição.

Por fim, da análise da vertente tipográfica do incomensurável editor, falta apenas rever dois dos elementos mais prosaicos de tão nobre ofício, isto é, a impressão e a encadernação.

Ao que parece, as tiragens das páginas aldinas têm, em geral, cor muito boa. Quase sempre uniforme, com tintas que ainda conservam o brilho original, cinco séculos após impressas. E não só o vermelho, mas sobretudo o preto, em contraste com a tinta cinzenta e pálida, frequente nos livros dos Giunta (editores-livreiros florentinos), que, segundo relata Renouard, ao serem umedecidos para a encadernação, continuavam soltando tinta[40]. Pelo visto, os Giunta empregavam papel mais fácil de imprimir, com menos cola, daqueles que cheiravam mal e eram sistematicamente recusados por Manuzio.

A encadernação é outro aspecto da produção do livro – especialmente o antigo – que exige especialização artesanal tão deter-

---

40. M. Dazzi, *op. cit.*

minada que leva a crer, ainda hoje, que se trata de um mundo à parte. De fato, a sobrevivência de sagas de artistas como a barcelonesa dos Brugalla – seu fundador, Emilio, acumulou prestígio internacional tão merecido quanto extraordinário, coroando o nobre trabalho de seu colega madrilenho Antonio Palomino e o do modernista antecessor de ambos, o catalão Hermenegildo Miralles – acentua a especificidade de um conjunto de operações que se realiza inteiramente à margem da produção industrial, no retiro íntimo de artesãos, espécie de recinto escondido de alquimistas, de cuja distância são a um só tempo admirados, invejados e ignorados pela maioria dos consumidores de livros.

Como não podia deixar de ser, Aldo equacionou logo a questão da encadernação, em termos inovadores: encontrou alternativas, sistemas e materiais tão revolucionários quanto permanentes. Daí em diante, só mudaram alguns matizes e pouquíssimas técnicas, em que pese permanecerem no mais absoluto e glorioso anonimato os achados aldinos: o da prática mais rotineira e convencional à qual o peso da razão e os anos entronizaram como solução definitiva e indiscutível.

As novidades mais importantes para o futuro do livro impresso, no que tange à encadernação, apresentam-se nesta ordem: a invenção da lombada reta; a substituição das capas de folha de madeira pelas de papelão; a implantação da pele de cabra fina e douração a quente, e as marcas nos cadernos do livro para ordená-los com rapidez e segurança no processo de agrupamento e costura.

Os materiais mais comuns para as capas de encadernação eram o couro grosso e o pergaminho, ritualizado naqueles primeiros tempos da tipografia porque associava o recém-nascido livro impresso com o manuscrito sacralizado, sobretudo nos solenes formatos in-fólio. Era, vê-se logo, uma tática de avestruz, condenada fatalmente ao fracasso, embora tenha funcionado à perfeição durante o período que o livro impresso teve que passar até suplantar, lenta e pacientemente, o manuscrito. Esta era uma questão sem dúvida delicada, se pensarmos em temperamentos tão refinados – quase divinizados – como o do célebre pintor Rafael de Urbino e do seu protetor, o nobre Guido di Montefeltro, os quais em absoluto não toleravam os livros impressos. (Guido acabou por render-se ao feitiço de Manuzio, cuja excelsa produção servia também para reconciliar os bibliófilos com os impressores, aos quais até então desdenhavam.) Isso contribuiu para retardar a implantação generalizada do brilhante, eficaz e competitivo produto seriado, justificando assim o lamentável condicionamento de fazer, com bastante frequência, os livros passarem como sucessores dos códices miniados, com capas de pergaminho, e para poder pintá-los à vontade, com margens e capitulares em branco.

O próprio Aldo fez livros desse tipo com o propósito protocolar de honrar uma clientela de real prestígio, em meio à qual se destacava Isabel de Este, primeira dama de Mântua, que os queria exatamente assim; com o tempo, foi aceitando o modelo tipográfico proposto por Aldo, com orlas estreitas e motivos centrais em ouro, que davam aspecto nitidamente novo às capas. Os pequenos entalhes eram de ferro e representam flores extremamente estilizadas, de traços simples, extraídas de motivos das orlas tipográficas de abertura, com os quais se ornavam as páginas de alguns livros (os usados na lombada chamavam-se florões). Além disso, a gravação a quente deixava a capa lisa, sem a rude espessura nem os relevos usuais. Mais uma vez, Manuzio inicia isolado um processo assombroso de inovação, a partir de reflexões ditadas pelo mais puro bom senso, do qual resultam, ao mesmo tempo, critérios pragmáticos, funcionais, conceituais, dedutivos, estéticos e modernos.

Claro que, se antes da virada do século não tivesse começado a circular no mundo da tipografia um material novo que substituísse com vantagem o clássico cordovão de origem espanhola (pele de cabra curtida, tosca e grossa adotada magnificamente pelos artesãos cordoveses), Manuzio não teria alternativa.

134 ❦ Aldo Manuzio: Editor. Tipógrafo. Livreiro

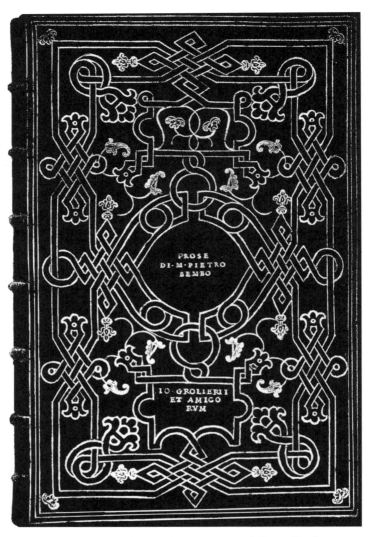

Encadernação de Jean Grolier para Prosa, *de Pietro Bembo,
Veneza, por volta de 1560.*

Apareceu, porém, um couro brunido e lustroso – muito mais fino que o em uso – procedente de Marrocos e originário da cidade de Tafilalet a que, com propriedade, chamaram de tafilete. (Por certo, o estojinho famoso com a seringa hipodérmica com que se injetava Sherlock Holmes era forrado de tafilete[41].) Nele encontrou Aldo o material adequado para aplicar ferros e decorações a quente; para adaptar a revestimento tão dócil e cálido um suporte de papelão que substituísse a rigidez antinatural da inevitável folha de madeira; para experimentar o tipo de encadernação chamada "à grega"[42], que mantinha a lombada reta, sem o arredondado característico do livro manuscrito: solução usada por Aldo na coleção de clássicos de bolso, empreendida em 1501 e que alcançou bem mais de cinquenta títulos. Com a presença de gregos, árabes e hebreus no rol de colaboradores e operários de Manuzio, a prática dessas técnicas orientais, quase desconhecidas na Europa, foi mão na roda.

Significativamente, os três pioneiros da suntuosa encadernação renascentista e modelo definitivo de todos os encadernadores dessa época para cá, criadores de três estilos bem distintos – *aldino*, *maioli* e *grolier* –, foram colegas, e o ensinamento natural de Manuzio deu-se, ao que parece, por compensado. Tomaso Maioli, criador do estilo "arquitetônico", era irmão do notável médico humanista amigo de Aldo nos velhos tempos de estudante em Ferrara, e assíduo colaborador da oficina tipográfica. O francês Jean Grolier de Servières, por sua vez, criador do estilo "partilhado", realizou suas primeiras encadernações no ateliê de Manuzio. Os cargos de intendente do rei Francisco I, tesoureiro do Ducado de Milão sob a dominação francesa e embaixador do papa Clemente VII – mecenas de Michelangelo – retiveram-no na Itália nada menos que vinte e três anos. A amizade com Aldo

41. A. Conan Doyle, "The Sherlock Holmes Adventures", *The Strand Magazine*, Londres, 1892-1893. Existe edição castelhana: *Las Aventuras de Sherlock Holmes*, Barcelona, Editorial La Gaya Ciencia, 1980.
42. M. Dazzi, *op. cit.*

Encadernação tipo Aldina *(imitação)*.

começou ao escolher para a sua biblioteca os melhores livros que ia encontrando[43]. A morte do editor, a lembrança inflamada que lhe dedicou Grolier – já citada – demonstra a veneração que lhe votava: "A literatura perdeu o mais ousado dos inovadores".

Segundo a versão do erudito Miquel i Planas, a criação do estilo aldino na encadernação deu-se assim: "A adoção pela tipografia aldina de certos temas decorativos extraídos da estilização de formas vegetais (folhas e flores com seus respectivos caules) gerou a aparição desses mesmos elementos na encadernação do século XVI. Por isso se atribuiu o nome *aldinos* às encadernações francesas e italianas cuja decoração se constitui de combinações, mais ou menos complexas, daqueles temas, gravadas em ouro sobre o couro de cor uniforme das capas.

"Os ferros que se utilizaram para a douração dessas composições foram inicialmente reproduções exatas dos temas tipográficos, mantendo seu desenho cheio ou maciço. Talvez, ao expressar em ouro grandes volumes desses ferros, o resultado era de peso excessivo; assim, não tardaram em aparecer os ferros raiados (*azurés*, em francês), que permitiram conservar a leveza das composições, aumentando-lhes ao mesmo tempo a elegância. Finalmente, uma terceira modificação desses ferros aldinos, que consistiu em abrir vazios, conservando somente o contorno de suas formas (*férs évidés*), possibilitou a produção de decorações em cores, por meio do mosaico (combinação de diferentes couros ou vernizes)"[44].

Em contrapartida, no estilo *grolier* as três variantes *aldinas* convivem com os entrelaçados típicos da decoração árabe, num emaranhado originalíssimo de caráter barroco que enche o plano das capas com típicas decorações matizadas, definidas em formas geométricas ou repartidas, em especial no tratamento das lombadas. Por último, a presença de formas de inspiração ar-

43. *Enciclopédia della Stampa*, Turim, Società Editrice Internazionale, 1969.
44. R. Miquel i Planas, *El Arte de la Encadernación*, Barcelona, Câmara Oficial del Libro, 1933.

Encadernação de Tomaso Maioli, Veneza, por volta de 1535.

quitônica e a simulação de planos sobrepostos ou entrelaçados (também com medalhões, cornucópias e *cartouches*) caracterizam inconfundivelmente o estilo *maioli*.

Antes de encerrar este capítulo, conviria esclarecer uma questão relativa aos formatos, que pode induzir a erro quando se consulta a bibliografia aldina. Se se observam as medidas constantes nas fichas bibliográficas, veremos que não existem dois livros rigorosamente iguais. Nos primeiros tempos da impressão, as folhas de papel eram naturalmente feitas a mão e tinham tamanhos bem diferentes dos atuais. Nenhuma era exatamente igual à outra e, além disso, não havia a menor chance de contar com papéis demasiadamente grandes. Por exemplo, as folhas de 70 x 100 cm que constituem hoje o padrão (ao lado das DIN AO, de 841 x 1189 mm) simplesmente não podiam ser feitas, pois nem os procedimentos de produção nem as medidas das prensas tipográficas o permitiam.

As folhas eram, portanto, de medidas bem mais modestas, e os formatos resultavam da dobragem das folhas, e não com as dimensões milimétricas normalizadas no século XIX num afã, mais que razoável, de aplicar o recente e notável achado do sistema métrico decimal.

Existia, por exemplo, o formato in-fólio, que era o maior; esse termo indicava de modo vago suas medidas ao significar que a folha estava dobrada em sua metade longitudinal, deixando as "barbas" (bordas desiguais dos quatro lados da folha de papel feito em cubas) como testemunho do aproveitamento absoluto do papel. Na medida decimal, os livros in-fólio correspondem, *grosso modo*, a formatos de 20 a 22 cm de largura por 30 ou 32 de altura.

Os livros in-quarto resultavam da dobragem da folha em duas metades, ou em cruz. Logicamente, estes dispõem de formatos limitados que oscilam entre 15 cm de largura e 20 ou 22 de altura.

E assim sucessivamente. Os in-oitavo (da dobragem da folha em cruz e nova dobragem no sentido longitudinal) oscilam ao redor de 10 x 15 cm; os in-dezesseis, entre 7 x 10 cm; e os in-trinta e dois (ou edição diamante), nas diminutas proporções de 5 x 7 cm.

Ao referir-nos, pois, a um formato, fazemos alusão à terminologia de origem latina: in-fólio, in-quatro, in-oitavo. As subdenominações maior, menor e prolongado indicam, por sua vez, oscilações dos formatos, conforme se usem folhas maiores ou menores das mais ou menos instituídas como padrão: o papel estampado ou de marca. Existem ainda hoje no mercado tipos de papel que lembram suas origens artesanais: o "papel de barba", de até 24 x 34 cm, testemunha das folhas in-fólio com bordas desiguais ou barbas, e o "marca maior", denominação solene que hoje soa esotérica para a maioria dos usuários.

De acordo com essa pseudonorma, os papéis que excediam os formatos estabelecidos chamavam-se in-fólio maior (ou in-quarto maior, in-oitavo maior) e, doutro lado, os que não os atingiam rotulavam-se in-fólio menor, in-quarto menor, in-oitavo menor, respectivamente.

Como já se disse, Aldo também se empenhou, e logo, em foliar ou assinar os livros; quer dizer, em numerar páginas e cadernos com a intenção precípua de facilitar as operações posteriores de ordenação dos cadernos e costura. Até então, não se costumava numerar as páginas (parece que o primeiro a paginar um livro foi Aram Theodor Hoernen, tipógrafo de Colônia, em 1471); e embora se possa ver com frequência livros antigos com uma página numerada e seu verso não, o que Manuzio de fato às vezes numerava não era a página, e sim a folha.

A assinatura (ou seja, o código de numeração de dobragem dos cadernos para facilitar-lhes a costura correta) transforma-se em Manuzio, ao longo de seus quinze anos de dedicação tipográfica, num sistema original. O convencional era o de uma letra em caixa baixa, minúscula – às vezes duas, geralmente o i e o jota –, à qual se agregavam letras idênticas à medida que avançava o número de cadernos: um i no primeiro, dois no seguinte e assim por diante. Aldo introduziu engenhosa novidade, consistente na repetição, à margem inferior da página, fora da mancha, da primeira palavra que inicia o texto do caderno seguinte. Há mais, porém. Segundo o erudito Dazzi, Manuzio também inventou – ou descobriu – um sistema verdadeiramente peculiar para escolher à vontade a encadernação de livros com texto grego e tradução latina (as edições bilíngues em páginas espelhadas, como é mandatório): em função do tipo de dobragem prévia, tanto se podia fazer a encadernação com os textos espelhados, como agrupados em separado[45].

Mas, acima de tudo, as encadernações de Aldo são obras-primas do bom gosto. Ele confiava no pergaminho que revestia os finos papelões de suas capas e não permitiu que seus colaboradores cobrissem superfície tão bela, lisa e brilhante com ornamentos rústicos e inúteis: preferia que ela exibisse seus valores cromáticos naturais. Para o desenho de seus célebres ferros, valeu-se sobretudo dos ornamentos tipográficos, que repartiu com sobriedade severa na superfície da capa, explorando ao máximo seu valor decorativo[46].

Inventor ou descobridor? Para sermos consequentes com a década apoteótica do final do século xv (com a grande odisseia de Colombo), talvez devêssemos optar pelo termo descobridor. Parece mais apropriado, posto que a magnitude de seus achados é de transcendência perfeitamente comparável à do mítico genovês errante. Quem sabe não terá também assim considerado aquele excêntrico bibliófilo Fernando Colombo – tão de perto influenciado por ambos os gigantes – na confortável geografia de sua admirável biblioteca, oferecida por ele ao imperador Carlos v, como refúgio "ao qual os letrados podem recorrer quando lhes ocorrer qualquer dúvida"[47].

---

45. M. Dazzi, *op. cit.*
46. Vittorio de Toldo, *L'Art Italien de la Reliure du Livre*, Bottega di Poesia, Milão, 1924.
47. P. Bohigas, *op. cit.*

Aldo Manuzio, Livreiro

VIU-SE JÁ COMO, sem ser editor, esse professor de grego chegou a ser um dos melhores da história e, sem ser tipógrafo, foi um dos mais marcantes. Para completar-se à altura o perfil de sua figura, ver-se-á agora como, sem ser absolutamente livreiro, também nessa área deixou provas de sua incrível perspicácia. Principalmente se tomarmos como arquétipo de editor-livreiro a quem tem habilidades reconhecidas para comercializar com êxito uma mercadoria delicada e caprichosa, tremendamente difícil, como é o livro. A metodologia básica de sua atividade pode estabelecer-se assim:

1. Organização racional da empresa, com o objetivo prévio de tornar rentável o produto que se fabrica.
2. Estabelecimento de relações econômicas e contratuais, sólidas e duradouras, com os autores e colaboradores intelectuais.
3. Concepção e execução de ações de promoção e distribuição eficazes, capazes de tornar o produto um objeto desejável e de prestígio.

Tradicionalmente, os livreiros que se converteram em editores deixaram o nome bem alto na história editorial. Na era moderna podem ser lembrados, no plano internacional, os franceses Ernst

> Cuentos de Calleja
>
> tos morales, aunque tan incultos como los intelectuales. Su trato con Carlitos fue afinándole unos y otros.
>
> —Es lástima que no sepas leer— le dijo un día Carlitos—porque sería para ti un gran recurso en los largos ratos de aburrimiento que tienes que pasar mientras cuidas de los puercos el enterarte de muchísimas cosas dignas de saberse y que abren campos anchísimos al ejercicio de pensar, que es el más noble a que los hombres pueden entregarse. Porquero como tú era un tal Félix Peretti, que vivió hace más de trescientos años y que fue uno de los papas más ilustres que ha tenido la Iglesia. Cuando llegó a papa se llamó Sixto V. Ayer mismo aprendí esto leyéndolo en un libro que tengo en casa. Mira, Narciso—siguió diciendo Carlitos—, se me ocurre que yo mismo puedo enseñarte a leer. Con lo listo que tú eres apren-
>
> - 7 -

Saturnino Calleja, página de texto de um livro da coleção Recreio Infantil (Contos Morais), série II - Tomo 31, tamanho real. Madrid, 1920, in-dezesseis, 70 x 100 mm.

Flammarion, Louis Hachette e Gaston Gallimard – este, se não era, pouco faltou para que fosse livreiro, pois que se meteu a trabalhar no departamento comercial da firma –, o inglês John Murray e, entre nossos contemporâneos, os livreiros madrilenhos fundadores da Compañía Anónima de Librería y Publicaciones Españolas (Calpe, editores da excelente Coleção Universal, com a qual presenteavam os subscritores de *El Sol*, e com os quais se associou o leridano Espasa em 1926), o popularíssimo Saturnino Calleja ("Tens mais história que Calleja", diz ainda hoje o dito popular ao referir-se a quem enrola em excesso para desculpar-se, imortalizando assim o editor mais prolífico na área de literatura infantil e juvenil, com perto de cinco mil contos curtos, publicados em quarenta anos, à razão de mais de dois por semana), e o mais recente, Manuel Aguilar, vendedor incrível que idealizou a venda direta ao público, porta a porta e pelo correio, dominando desse modo o mercado norte-americano.

No caso de Aldo Manuzio, esta qualidade importantíssima ficou para o final, porque deve ser considerada quase em sentido figurado. Trata-se de completar com ela a reconstrução do ideal editorial dessa personagem singular, capaz de ter um pouco de tudo: de editor, de tipógrafo e também, naturalmente, de livreiro. A combinação própria dos eleitos, que possuem a capacidade de ser simultaneamente sensíveis à cultura, à arte e ao comércio, conseguindo desenvolver com tudo isso uma sinergia brilhante, eficaz e competitiva.

Olhado sob o prisma do comerciante atual, o que chama logo a atenção num erudito professor grego, de origem romana e procedente de Ferrara, é que tenha tal prestígio em Veneza – onde, de início, é completamente desconhecido – a ponto de convencer os sócios capitalistas necessários a pôr em prática um projeto editorial de tamanha envergadura e originalidade (embora na capital mundial da tipografia já não se estranhasse nada), que dificilmente se compatibilizava com as expectativas de negócios sem riscos, que são em princípio, o que por definição aspira o capitalista.

*Alberto Pio, príncipe de Carpi, retrato de artista desconhecido
(National Gallery, Londres).*

Certo financista recordou-nos não há muito a frase de célebre homem de negócios contemporâneo: "Não existe nada mais assustador do que um milhão de dólares". Mesmo que não tenha sido esse o montante necessitado por Manuzio, é evidente que investir o necessário para o projeto de editar uma série de livros de autores clássicos e gramáticos gregos – de êxito mais que duvidoso – e deixá-lo exclusivamente nas mãos de um professor forasteiro e desconhecido, que não era nem editor, nem tipógrafo, nem livreiro – tinha que ser pura temeridade.

É justamente o que questiona Carlo Dionisotti ao escrever: "Não se entende bem o pulo de Aldo, saindo de ampla e casual prática de mestre humanista rumo a um empreendimento editorial, com objetivos tão ambiciosos e tão comprometidos economicamente, sem que se pressupunha o apoio total, material e moral, de todos os seus sócios"[1].

Verdade que Manuzio traz a tiracolo recomendação categórica, sob a forma de investimento minoritário mas incondicional, qual seja a que lhe concedeu o discípulo amado, o príncipe Alberto Pio de Carpi, nobre influente, cujo simples nome lhe abria qualquer porta.

Verdade também que Aldo em Veneza alternou a prática tipográfica com as aulas particulares de grego, contando entre os alunos um filho natural do nobilíssimo senhor Pierfrancesco Barbarigo (proprietário da fábrica de papel Fabriano, marca italiana que ainda hoje compete no mercado internacional de papéis, e filho de Marco, que fora duque), com quem obviamente travou relações.

Verdade, enfim, que aprendeu os rudimentos do ofício tipográfico no ateliê de Andrea Torresani (que antes pertencera a Nicholas Jenson), a quem Barbarigo conhece e preza o suficiente para nos fazer supor que o incluiu na sociedade para garantir assim a presença vigilante de um tipógrafo de primeira linha.

1. M. Zorzi, *op. cit.*

148 ❧ **Aldo Manuzio: Editor. Tipógrafo. Livreiro**

O fato é que em 1495 fundou-se a sociedade com a participação de 50% de Barbarigo (portanto foi o acionista principal), 40% trazidos por Torresani (futuro sogro de Aldo) e 10% cedidos meio simbolicamente pelo príncipe Alberto[2].

Olhando-se os acionistas, a primeira constatação é que Aldo não possuía um centavo, já que não participou da sociedade e sobre ela não tinha, pois, o mínimo direito. A segunda é que a data confirma a entrada oficial de Manuzio no mundo editorial no ano de 1495, coincidindo a fundação da sociedade com o aparecimento no mercado do primeiro título. A terceira é que, com uma empresa gerida sabiamente, pôde ele exibir suas portentosas aptidões, se não empresariais, ao menos realizadoras e, como se afirmou na introdução, com talento sedutor realmente irresistível.

O fato de o sócio principal ter sido o fabricante de papel que abasteceu as prensas de Aldo garantiu também, por certo, a flexibilidade nas despesas de um dos custos mais elevados do negócio tipográfico da época. Talvez tenha sido essa facilidade o que o animou a investir acima do razoável no desenho e fundição de fontes novas, outros dos materiais mais custosos do ateliê. Ao investimento inicial, sem dúvida importante, de gravar chapas, obter matrizes, fundir tipos e formar os conjuntos necessários (letras maiúsculas e minúsculas e sinais de pontuação para cada família de tipos), é preciso acrescentar as perdas, ou seja, a quantidade de itens a serem constantemente repostos, já que se partiam com facilidade: o metal era demasiado frágil, e assim permaneceu até que se adicionou à liga inicial de chumbo (que proporcionava maleabilidade) e estanho (que impedia a oxidação) o antimônio (que introduziu a dureza necessária).

Por outro lado, nada nem ninguém consegue demovê-lo um milímetro do programa editorial que se traçou. E se o ia transformando com o tempo, devia-se isso apenas a suas próprias conclusões e não a imposições externas. É, pois, de admitir-se nele

2. *Idem.*

uma capacidade incomum para aliciar financistas; e sem dúvida a colocou à prova quatro anos após fundada a sociedade, quando esta se via abalada com a morte do principal acionista – esteio do incipiente negócio. A inesperada desgraça coincidiu também com uma queda geral da bolsa, em final de século economicamente sombrio, que presenciou o desaparecimento dos bancos mais poderosos da cidade e, em consequência disso, o fechamento de muitas tipografias. Nada obstante, Aldo aproveitou a ocasião para suspender temporariamente suas atividades editoriais, deixando passar inteligentemente a crise, enquanto preparava, em minúcias, um programa editorial original e renovado.

Para ele, a crise foi de extraordinária fecundidade. Depois de uma entrada intempestiva no mercado editorial, Aldo refletiu serenamente. Até os acontecimentos críticos do fim do século, editara ele já, com êxito crescente e espetacular, cerca de quarenta títulos, quase à razão de um livro a cada mês e meio. Como se disse, predominavam no conjunto gramáticas gregas, léxicos e dicionários – material prévio indispensável para divulgar com eficácia o pensamento científico e filosófico na língua original de Aristóteles, Dioscórides, Proclo, Jâmblico e Aristófanes. Alguns desses manuais tinham, todavia, valores extragramaticais bastante salientes, se atentarmos no Lascaris e, sobretudo, no Bolzânio, volume esse que tão vivamente interessou a Erasmo de Rotterdam.

São também dessa época as primeiras grandes edições-príncipe (com trinta e uma editadas – verdadeiro recorde – de Aristóteles, Aristófanes, Tucídides, Sófocles, Heródoto, Xenofonte, Demóstenes, Ésquilo e Platão), as edições especiais (ou ilustradas, como a apoteótica *Hypnerotomachia*), a atenção que dedicou a temas religiosos e teológicos, com *Poetas Cristãos Antigos*, *Paráfrase do Evangelho Segundo São João*, *Cartas de Santa Catarina*, *Orígines*, *Homilias sobre o Gênesis* e, inclusive, o projeto não concluído de sua pioneira Bíblia "poliglota".

Nicolai Leoniceni uincentini in librum de epidemia, quá itali morbum gallicum uocant, ad illustrem uirum Ioánem Frã cifcum mirandulenfem, Concordiæ comitem præfatio.

h   Abitá nuper Ferrariæ de morbo, qué gallicum uocant, difputatóem, atque á me poftmodum mádatá
litteris, cui magis quá tibi Ioánes Francifce mirádulé-
fis dedicauerim, qui cum fupioribus diebus Ferrariæ
adeffes, atque ante diem ad eandem difputationem conftitu-
tum, tibi ex caufis urgentibus effet difcedendum, non parum
dolere mihi uifus es, cp eidem difputationi nó poffes intereffe,
neq; diffimulanter tulifti gratiffimam rem me tibi facturum, fi
quæ non potuiffes præfens accipere, haberes abfens ex meis lit
teris, uel potius uolumine ad id dedicato legendi facultatem.
Et quoniam non te latebat magnæ cótentionis difputationes
a medicis atque philofophis pertractatas non ueritatis inuentione, fed iurgiis, atque clamoribus plerunque terminati, illud
infuper a me expectare uidebaris, ut nó folum quæ nam inter
difputantes opinio tandem effet pro uera recepta tibi figni-
ficarem, fed mei quoque iudicii calculum inter ambigen-
tes fententias manifeftarem. Quid plura? ego qui tibi propter
tua eximia in me beneficia omnia debeo, pollicitus fum facturum me, quod optabas, arduum quidé opus, ac pené temera
rium, nifi ipfum excufaret obfequium. Ecce igitur iam tibi fidé
promiffam exoluo quanto tardius, quá tu forte cupiebas, tanto maiore cum foenore. nó folum enim eam, quæ præcipue de
fédebatur Ferrariæ opinioné, fed quafcunque alibi plurimum
uigere intellexi, conatus fum pro mei ingenii imbecillitate có
futare, meáq; poftremo loco, exemplis, rationibus, ac nobiliffi-
moq medicorum auctoritatibus confirmare. Multa præterea
Auicénæ dicta, quæ ad propofitam contemplationem perti-
nebát, duximus in controuerfiam. Quare qui hæc lecturi funt
quæfo boni cófulant, neque me propterea impudentem, aut

a ii

Niccolò Leoniceno, Opúsculo sobre Epidemias, *Veneza, 1497, in-quarto, 160 x 219 mm.*

Em meio dessa obra sistemática floresceram também peças contemporâneas de grande delicadeza e de êxito editorial descomunal como, por exemplo, o delicioso livrinho de poemas *De Aetna* e, também, *Asolani*, ambos do amigo, colaborador e modesto sócio Pietro Bembo, ao que parece um dos intelectuais mais finos da época; as *Obras* de Angelo Poliziano, amigo de Pico della Mirandolla e Ermolao Barbaro (a quem Aldo perseguia, lembre-se, desde 1484), o livro do médico Niccolò Leoniceno etc.

É evidente que, do ponto de vista financeiro, o projeto aldino mereceria desconfiança do primeiro acionista ao último dos aprendizes. Não faltaram problemas, mesmo que, com a morte do rico Barbarigo, parece que Torresani, impressor e futuro sogro de Aldo, tenha assumido decididamente as rendas financeiras do negócio. Contudo, a delicada situação geral – e portanto a de Manuzio em particular – ajudou-o a dar uma guinada espetacular e significativa na programação editorial – e no produto como objeto –, deixando de lado os livros mais custosos e maiores, cópias miméticas dos produzidos pelos amanuenses. É possível que o projeto da famosa Bíblia "poliglota" (impressa em grego, latim e hebraico), da qual Aldo não imprimiu senão a primeira página, em 1498 – conservada, por certo, na Biblioteca Nacional de Paris – tenha sido abandonado justamente por considerar finda uma etapa. Dessa forma, evitava riscos econômicos agravados pelo luto que o impediu de dispor da generosa fortuna do filho do duque. Seja como for, escancarou ele naquele momento as portas, não sem um toque revolucionário, ao livro de formato reduzido, a partir daí chamado "de bolso".

De igual modo, pôs de lado naquele momento a publicação de textos gregos altamente especializados, decidindo-se pelos clássicos ao alcance de todos. Outra questão a não ser ignorada e que ajuda a medir o grau da guinada executada por Aldo é que a refinada tipologia redonda de origem romana cede a primazia a uma cursiva inédita, criada por Manuzio durante o retiro forçado que se impôs, face à pausa editorial decorrente do panorama financeiro veneziano de fins do século xv. Semelhante à caligrafia de chancelaria – e portanto familiar à população alfabetizada, além dos estudiosos –, essa tipologia lhe possibilitava inserir mais letras do que as até então habituais; disso resultava importantíssima economia nos gastos de papel, e esquivava-se ele do recurso fácil da redução drástica do tamanho dos tipos, que outros levariam a extremos inacreditáveis.

Nessa coleção serão acolhidos também os clássicos latinos, com Virgílio e Horácio à frente; clássicos italianos como Dante, Petrarca, Santa Catarina de Siena e Boccaccio, além dos contemporâneos estrangeiros mais famosos, entre os quais se destaca Erasmo.

Aldo, que se agigantava diante das dificuldades estruturais e se mostrava seguro do talento e instinto, que por sorte o acompanhavam sempre, enfrentava os obstáculos com a maior tenacidade e imaginação, capaz que era de superar as vicissitudes com as quais se depararam inevitavelmente os editores do passado, do presente e que, com certeza, terão à frente os do futuro.

Nesse tipo de negócio, aliás, tinha que se esperar retorno com paciência de Jó, pois era mercadoria tão sensível e delicada que frequentemente transcorria tempo exasperante entre a produção e a venda, sobretudo em circunstâncias como aquelas, em que as comunicações – transportes e correio em primeiro lugar – eram infinitamente mais lentos do que hoje.

Tendo superado tão graves inconvenientes, Aldo merece indiscutivelmente o título de gestor magnífico e excelente administrador de seu negócio, apesar dos sérios conflitos trabalhistas que em mais de uma ocasião precisou enfrentar, e a respeito dos quais se conserva este amargo registro: "Quatro vezes conspiraram contra mim os de minha própria casa, operários e trabalhadores"[3]. Operários e trabalhadores que deviam somar número respeitável, a inferir-se do apontamento que assinala a existência

3. M. Dazzi, *op. cit.*

QVISQVIS ES:ROGAT TE ALDVS ETIAM:
ATQVE ETIAM VT, SI QVID EST, QVOD A'
SE VELIS· PERPAVCIS AGAS: DEINDE
ACTVTVM ABEAS:NISI TANQ VAM HER
CVLES,DEFESSO ATLANTE:VENERIS SVP
POSITVRVS HVMEROS· SEMPER ENIM
ERIT·QVOD ET TV AGAS:ET QVOTQVOT
HVC ATTVLERINT PEDES.

Aldo Manuzio, dedicatória em um livro de Cícero, Veneza, 1514, in-oitavo, 96 x 166 mm.

de quatro a seis prensas na oficina. Isso pressupõe quatro tipógrafos pelo menos, talvez quatro caixistas e uma equipe de aprendizes (ou jovens), número variável de revisores (um esteve à disposição de Erasmo enquanto este residiu em Veneza)[4] e não raro algum editor, responsável por trabalhos específicos. Ao todo, um mínimo de dez ou doze, pois, produzir um livro por mês (o que se deu em anos de produção adoidada, como em 1502) exigia operários e trabalhadores que compusessem e corrigissem o texto, preparassem a edição, imprimissem e encadernassem; e tudo, claro, artesanalmente.

Aldo deixou um testemunho sob a forma de anedota que permite inferir fosse relativamente pequeno o pessoal de que dispunha, o que tornava demoradas as etapas do trabalho. Para evitar as visitas dos ociosos que acorriam a seu ateliê, fazendo dele ponto habitual de seu itinerário cultural – ou de bate-papo – diário, pendurou ele na porta uma placa ironicamente dissuasória, que dizia mais ou menos o que se lê em latim no prólogo da edição do Cícero de 1514:

"*Quisquis es rogat te Aldus etiam atque etiam ut, siquid est, quod a se velis perpaucis agas deinde actutum abeas nisi tanquam Hercules, defesso Atlante veneris suppositurus humeros semper enim erit quod et tu agas et quodquod huc attulerint pedes*" (Sejas quem for, roga-te Aldo que, se desejas algo dele, em poucas palavras o faças saber e continues logo o teu caminho. Do contrário, ele te utilizará como o fez o cansado Atlante com Hércules, e acabarás vindo para receber peso às costas. Porque haverá sempre alguma coisa a ser feita, inclusive por ti, como haverá para todos aqueles cujos pés os trouxeram até aqui)[5].

Se seu sogro possuía número de empregados semelhante ao de Aldo – o que não seria nenhum despropósito – e se se acrescentam os oito integrantes das duas famílias, uns dois serventes ao menos e quatro ou cinco hóspedes insignes (Aleandro, Cipelli, Musuro,

4. M. Lowry, *op. cit.*
5. M. Dazzi, *op. cit.*

Lascaris e Erasmo) – chegam a trinta e três os comensais que todos os dias sentavam-se à mesa da casa de Andrea Torresani.

Outra qualidade imprescindível de um editor, esbanjada por Aldo, era a boa sintonia que sabia estabelecer com os autores. A relação mantida, por exemplo, com Erasmo de Rotterdam ainda hoje é parâmetro dificilmente igualado. Pelo visto, o grande humanista holandês "se encantou com Aldo" de modo absolutamente platônico, ao passo que Manuzio em resposta o manteve "sequestrado durante quase dois anos inteiros"[6], dedicando-lhe em especial o trato afável, escrupuloso e generoso, que os autores da casa recordariam com nostalgia muitos anos depois do seu desaparecimento.

Por certo, o cultivo atento dessas amizades o levou a pensar seriamente nas possibilidades de êxito de um projeto comunitário, provavelmente utópico, que, apesar de não se concretizar, permaneceu vários anos na mente do editor veneziano. Tratava-se da fundação de uma segunda Academia Platônica, à distância, que se moldaria pela primeira, mas agora formada por sábios internacionais, com os quais ele partilhava o sagrado empenho de zelar pelo estudo da língua e cultura gregas – e eles o faziam em seus respectivos locais de residência. Com esse fim, já tinha comprometidos Erasmo em Rotterdam, Linacre em Londres e Reuchlin em Heidelberg[7].

O traço fundamental desta esplêndida relação com os autores reside também no hábito comercial insólito até Aldo, que, se não o inventou, foi o primeiro a aplicá-lo sistematicamente: o saudável hábito de pagar generosamente os autores pelo seu trabalho.

Até meados do século XVIII considerava-se descabido escrever por dinheiro. Devia escrever-se simplesmente por prestígio pessoal e até então pouquíssimos escritores recebiam com agrado remuneração em troca de seus textos. E se aceitavam, procuravam disfarçá-lo por todos os meios, para não serem malvistos. Erasmo, por exemplo, desgostou-se muito quando alguns cole-

6. *Idem.*
7. *Idem.*

gas venezianos fofocaram que Aldo lhe pagava pelos livros[8]. Não se sabe exatamente com base em que Aldo pagava, porque parece que a noção de direitos autorais é bem recente. Mas, embora editasse basicamente autores clássicos, deixou sempre as edições a cargo de seus colaboradores (a maioria também autores), e, portanto, algo devia pagar por elas. Ademais, algumas obras contemporâneas tiveram êxito espetacular, como por exemplo *Asolani*, segundo livro de Pietro Bembo, ou os *Adágios* de Erasmo, pelo que o juízo de Manuzio induziu a recompensá-los adequadamente. Esses livros foram como que autênticos e pioneiros *best sellers* da história do livro impresso.

Dos reiterados êxitos editoriais colhidos, o maior se deu na radiante coleção de bolso, na qual se animou a determinar, para uma edição de Catulo, a tiragem inicial de 3 000 exemplares – quantidade absolutamente incrível à época (e segundo Lowry não teria sido a única). Numa primeira edição, superam-na hoje somente alguns livros anunciados pela televisão, os que se vendem em bancas, ou os que receberam prêmios literários.

Nesse sentido, pode-se considerar que todos os seus livros foram êxitos colossais, pois fazer sistematicamente tiragens de mais de mil exemplares (muitos deles esgotando-se em poucos meses) era de todo insólito. Em regra, naqueles bons tempos, as tiragens eram de cem exemplares, duzentos e cinquenta nos casos especiais e quinhentos em ocasiões excepcionais. Os verdadeiramente afortunados que atingiam os oitocentos exemplares eram sempre subvencionados pela Igreja[9].

A ideia excelente de fazer com os textos clássicos de formato pequeno uma coleção da qual publicou mais de cinquenta títulos foi bem recebida por todo o mundo, especialmente pelos leitores contumazes. Conta-se do grego Constantino (Giovanni) Lascaris, colaborador da casa e primeiro autor de Aldo, cronologicamente falando, que lhe transmitiu sua opinião por carta, de forma

8. P. Scapecchi, *op. cit.*
9. S. H. Steinberg, *op. cit.*

P·V·M·AENEIDOS LIBER
SECVNDVS.

Onticuere omnes, intentique ora
tenebant,
Inde toro pater Aeneas sic orsus
ab alto,
Infandum Regina iubes renouare
dolorem,
Troianas ut opes, et lamentabile regnum
Eruerint Danai, quæque ipse miserrima uidi,
Et quorum pars magna fui. quis talia fando
Myrmidonum, Dolopum ue, aut duri miles Vlyssi
Temperet à lachrymis? et iam nox humida cœlo
Præcipitat, suadent'q; cadentia sydera somnos.
Sed si tantus amor casus cognoscere nostros,
Et breuiter Troiæ supremum audire laborem,
Quanq animus meminisse horret, luctu'q; refugit,
Incipiam. Fracti bello, fatis'q; repulsi
Ductores Danaum, tot iam labentibus annis,
Instar montis equum diuina Palladis arte
Aedificant, sectá'q; intexunt abiete costas.
Votum pro reditu simulant, ea fama uagatur.
Huc delecta uirum sortiti corpora furtim
Includunt cæco lateri, penitus'q; cauernas
Ingentes, uterum'q; armato milite complent.
Est in conspectu Tenedos notissima fama
Insula, diues opum, Priami dum regna manebant,
Nunc tantum sinus, et statio male fida carinis.
Huc se prouecti deserto in littore condunt.

Aldo Manuzio, página de texto do livro de bolso Eneida, *de Virgílio,
Veneza, 1501, in-oitavo, 95 x 153 mm.*

exaltada, assim que foram postos à venda os primeiros livrinhos: "Têm o formato ideal para quem, como eu, perambula pelo mundo, e sobretudo para as damas da corte, já que seus admiradores as presenteiam com esses deliciosos livrinhos"[10]. Complementarmente, "encontrou fiel clientela nos prósperos comerciantes e nos altos oficiais que precisavam viajar e aguardar em salas de recepção, hora em que a leitura só poderia ser feita utilizando-se livros de pequeno porte, que não careciam de mesas para apoio"[11].

A coleção teve ainda êxito internacional sem precedentes. Da mesma forma que se poderia fazer hoje, os vendedores dos primeiros anos do século XVI falavam – como já se disse páginas atrás – do "Horácio aldino", devido à reputação geral dessa casa editorial, e antes mesmo de referir-se concretamente aos valores do livro em questão.

É claro que Aldo Manuzio foi possivelmente o primeiro em outro detalhe editorial de enorme transcendência econômica e cultural: o de considerar o logotipo de sua casa editorial (célebre golfinho enroscado numa âncora, inspirado, ao que parece, em moeda romana do tempo de Tibério, Tito ou Domiciano) como elemento primordial de prestígio comercial[12].

Apesar do êxito, os pequenos volumes in-oitavo não conseguiram baixar, ao menos significativamente, nem os custos nem os preços de um produto que, assim parece, os livreiros de Paris achavam demasiado caro, porque o papel economizado no formato acabava depois consumido nas tiragens aldinas inusitadamente elevadas. Apesar da queixa dos vendedores parisienses, o aumento das tiragens, e mais das vendas, estimulou o critério de fixar-lhes preços mais razoáveis. O preço máximo era de um ducado por volume, ou seja, cerca de cinquenta reais. Tanto assim que as quatro virtudes atribuídas então aos livrinhos de bolso aldinos valem ainda hoje como parâmetros de qualquer coleção

10. *Idem.*
11. H. Escobar, *op. cit.*
12. *Idem.*

moderna com alguma pretensão cultural: diz-se que eram eruditos, compactos, portáteis e econômicos.

Desde o primeiro exemplar (do famoso Virgílio) constituíram-se em material colecionável e foram requisitados de todos os pontos da Europa renascentista. Evidentemente não se pode esquecer que uma das qualidades principais consistia na equipe de assessores de luxo – os integrantes da Neoacademia – e no trabalho admirável que realizavam, selecionando e escolhendo o melhor título a ser lançado a cada dois meses. De fato, de 1501 a 1506, Aldo pôs na praça pontualmente um livro de bolso novo – um clássico grego ou latino – a cada sessenta dias. Algo incrível, mas real.

Constata-se em primeira instância o êxito permanente alcançado com as sucessivas reedições empreendidas por Aldo, uma vez esgotados os costumeiros mil exemplares iniciais. Proeza comercial, considerando-se que se trata de fenômeno cultural e comercial acontecido há quinhentos anos! Outra constatação, talvez mais verossímil e mais contemporânea que a anterior, é a ocorrência de inúmeras imitações, edições piratas ou contrafações que surgiram por todo o canto, procurando emular o fabuloso êxito econômico e editorial monopolizado por Manuzio. Nesse campo, foram os tipógrafos de Lion que ganharam a palma de má-fé, ao contratarem o próprio Francesco Griffo – artífice dos melhores projetos tipográficos das fontes aldinas –, conseguindo desse modo simular livros idênticos aos de Aldo.

Quase sem querer, Aldo soube converter sua verdadeira e incontrolável vocação editorial em fantástico negócio. Isso a ponto de a repetição acertada de publicar temas que despertavam, no mínimo, o interesse de um milhar de leitores europeus (a maior parte naturalmente italiana e talvez veneziana) fazê-lo se dar conta de outra coisa sobre a qual aparentemente ninguém atentara antes: consciente da transcendência do negócio que criara, será o primeiro na história – entre todos os tipógrafos metidos a editores –, em seu quarto ano de editor (1498), a publicar catálogos temáticos de suas obras, com preços incluídos, hoje peças únicas no mundo.

Aldo Manuzio, Catálogo de Livros Gregos e Latinos,
Veneza, *1503*, in-fólio.

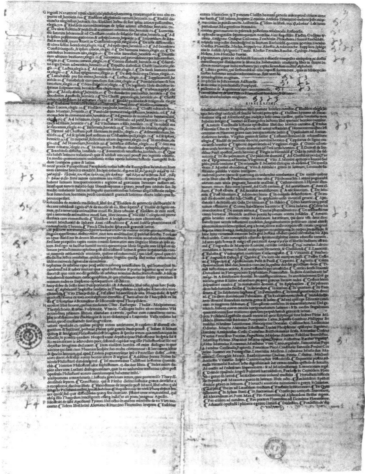

Aldo Manuzio, Catálogo de Livros Latinos, *Veneza, 1513, in-fólio.*

Em livro magnificamente editado em Paris no ano de 1892, reproduzem-se páginas das três edições in-fólio: a do primeiro catálogo das edições gregas de 1498, e as do segundo e terceiro, de títulos publicados respectivamente em 1503 e 1513[13].
O primeiro é uma folha impressa dos dois lados. As quinze obras que figuram em grego listam-se em ordem cronológica, de 1495 a 1498, com o nome do autor, título, data de publicação, formato, número de páginas e preço. Destaque-se como curiosidade que os títulos mais caros da lista são os três volumes da obra completa de Aristóteles e de Aristófanes: entre dois e dois ducados e meio por volume (mais ou menos cem e cento e vinte reais).

O segudo é uma folha dobrada, impressa dos dois lados, no formato in-fólio. Figuram ali dezessete obras em grego totalmente novas e o título mais caro é a *Obra* de Luciano, que oferece por dois ducados. Curiosamente, este segundo catálogo termina com o anúncio de uma futura publicação de diversas obras de Platão, Homero, Esopo, Pausânias, Plutarco, Demóstenes e Hermógenes, bem como comentários sobre Artistóteles e cinco edições de última hora que acrescenta em letra manuscrita ao texto já impresso.

O terceiro, enfim, é uma folha dobrada e impressa dos dois lados, mais outra solta e impressa de um lado apenas, tudo em formato in-fólio. Nelas se encontram quinze novas edições em grego e oito em latim. Alguns títulos da lista anterior desapareceram, como: *Normas de Gramática Grega* de Bolzânio, esgotada já fazia tempo, e *Astrônomos Antigos*, provavelmente pela mesma razão. No final, no já mencionado capítulo de urgências, Aldo apresenta mais cinco títulos em grego e um só em latim (este, porém, era nada menos que os *Adágios* de Erasmo). Curiosamente também, seis dos livros anunciados no segundo catálogo já não figuram neste terceiro (esgotados?); não constam também os preços.

A inestimável particularidade de aparecerem nos dois primeiros catálogos os preços de venda ao público faculta-nos especular

---

13. H. Omont, *op. cit.*

Aldo Manuzio, Livreiro 🙢 163

Marca Tipográfica de Aldo Manuzio, atribuída ao ilustrador anônimo de Hypnerotomachia Poliphili *(ver ilustração p. 188).*

sobre os preços dos livros aldinos, inclusive em relação ao que poderiam representar em nossos dias. Em primeiro lugar (e graças às anotações que Fernando Colombo apôs nos livros que adquiria), porque se conhecem os preços em sua equivalência com a moeda corrente na Espanha[14]; em segundo, porque, conhecidos os valores do ouro antes e agora, é possível estimar suas correspondências com as respectivas moedas; finalmente, porque as consultas bibliográficas permitem também deduzir que um ducado de ouro veneziano equivalia, no período 1497-1537, a 375 maravedis (aproximadamente cinquenta reais de hoje)[15].

Sob essa perspectiva e por mais variações que tenham ocorrido nas flutuações da economia nos cinco séculos seguintes, a estabilidade do padrão ouro e a relação atual do preço de venda com o número respectivo de páginas (um real nas brochuras e até quatro reais nos de capa dura e ilustrados, entre nós. Na Inglaterra, a brochura sai uns 30% mais barata) têm possibilitado a manutenção dos preços sem grandes diferenças. De fato, se os ducados constantes nos catálogos são de ouro, como se supõe, e dividirmos o preço dos livros aldinos pelo número respectivo de páginas, o resultado é perfeitamente compatível com os de hoje. Assim, considerando um valor agregado, conclui-se que, comparativamente, os preços da época eram assaz razoáveis – mesmo que se admita quase o dobro dos preços normais; e por mais que os livreiros parisienses se queixassem disso como usuários, e por mais que o preço elevado facilitasse os plágios desabusados que se fizeram da obra de Manuzio – em número superior a sessenta títulos.

Aldo não limitou seus planos inovadores à extraordinária novidade dos catálogos. A ele se devem outrossim alguns dos *slogans* e estratégias de venda – diríamos hoje campanhas de publicidade – com que procurava, aparentemente mui exitoso, dar a

14. K. Wagner, *op. cit.*
15. B. Benassar, *Un Siècle d'Or espagnol (1525-1648)*, Paris, Editions Robert Laffont, 1982. Existe edição castelhana: *La España del Siglo de Oro*, Barcelona, Editorial Crítica, 1983.

conhecer o interesse objetivo de suas primorosíssimas edições. E o fazia com algo a que aspiram ainda os publicitários de hoje, mas mui raramente conseguem: fazer propaganda dizendo a verdade. Orgulhava-se Aldo, nesse sentido, de jamais haver escrito nada que não fosse verídico[16].

Ademais, teve ele o talento de converter outra de suas admiráveis obsessões em argumentos de promoção de vendas de seus produtos editoriais. Inimigo irreconciliável das erratas tipográficas, em alguns dos atos de contrição que costumava entoar sob a forma de dedicatória nas primeiras páginas de seus livros, chegou a prometer um ducado (preço de um volume normal de bolso) para cada erro que os leitores encontrassem, excetuados os antecipados pelo editor na abertura da dedicatória. Nas oficinas tipográficas desse tempo, as provas eram normalmente corrigidas pelos proprietários ou membros da família, pois era onde se apreciava de verdade o prestígio editorial. Trabalho responsável e de dedicação, Aldo costumava chamá-lo a si, exceto no período em que Erasmo residiu em Veneza, dividindo gostosamente com o editor tarefa tão comprometedora: cedia-lhe então Aldo a primeira prova, que ele corrigia escrupulosamente, acrescentando quanto lhe apetecia e modificando tudo que lhe inspirava a lendária erudição. Em seguida, Aldo se encarregava, como rezava o lema da casa – *festina lente*[17], apressa-te com calma –, da segunda e definitiva revisão, com empenho diligente e minucioso a um só tempo, dentro do espírito da expressão: "Devagar vou depressa".

Outra característica promocional digna de elogio foi a ênfase especial que Aldo conseguiu incutir em suas célebres dedicatórias. Na edição de Platão de 1514, aparece uma visando conciliar algo então difícil como o pensamento cristão e o grego. Dirigida nada menos que ao papa Leão X, reza assim: "Seja para ti o pensamento divino, já que como cabeça da Igreja cristã és a imagem viva da divindade"[18].

16. M. Dazzi, *op. cit.*
17. J. Chomarat (ed.), *op. cit.*
18. M. Dazzi, *op. cit.*

Bem nos primórdios, na edição do *Opúsculo sobre Hero e Leandro* de 1494 (provavelmente impressa na tipografia de Andrea Torresani), surpreendeu o público com uma dedicatória, relativa ao livro que punha em mãos de seus queridos leitores, digna dos atuais criadores e *experts* em publicidade. Veja-se: "Não posso presenteá-los como seria meu desejo porque preciso de pasta [alude com duplo sentido ao papel e ao dinheiro], e muita, para oferecer a vocês todos os melhores livros da Grécia clássica"[19].

No primeiro de seus catálogos, datado de 1498, traça outra frase publicitária digna de atenção, insistindo no mesmo argumento: "Quanto mais generosamente trocardes vosso metal [dinheiro] por meus livros, mais rapidamente gastaremos o nosso [em sentido duplo, refere-se às moedas e ao chumbo e ao estanho com que se fabricavam então as fontes tipográficas] para pôr ao vosso alcance toda a Antiguidade"[20].

É evidente que a categoria excepcional das personalidades a quem dedicou com frequência seus livros desempenhava uma função promocional de primeira ordem, tanto no que se refere ao livro quanto ao prestígio geral de empreendimento editorial tão incomum. Nas primeiras páginas desfilaram, diante dos olhos perplexos dos leitores aldinos, os nomes dos papas Alexandre VI (o papa Bórgia), Júlio II e Leão X, os nobres Pico della Mirandola e Alberto Pio de Carpi, Isabel de Este, Ana de Foix e Lucrécia Bórgia. Ousou mesmo acrescentar na lista de notáveis Guido di Montefeltro, duque de Urbino, notável precisamente por sua oposição pública e radical ao livro impresso em geral, com o que se reitera a aversão inicial que alguns espíritos seletos da época mostraram a um invento plebeu, cuja aceitação implicava, com o tempo, o desaparecimento definitivo do livro manuscrito. Essa foi a atitude, como já se mencionou, de líderes de opinião daqueles tempos, como o "divino" Rafael de Sânzio, ou o monarca Afonso, o Magnânimo.

19. *Idem.*
20. *Idem.*

Com o fito de canalizar eficazmente a demanda de livros aldinos, sobretudo os de bolso, era preciso organizar uma rede de distribuição o mais extensa e sólida possível (exatamente como hoje), ou aproveitar as já existentes, como a formada por uma rede de pontos de vendas estratégicos, cobertos, graças à influência pessoal de Manuzio, por livreiros locais amigos, como: Jordan von Dinslaken na Alemanha, Leonardo e Lucca Atlantese (livreiros, tipógrafos e editores italianos que dispunham do principal depósito de livros aldinos fora da Itália) em Viena, ou na Basileia Johann Amerbach, que os distribuía por toda a Suíça.

Vista hoje, essa rede de distribuição parece bastante irregular e algo estranha, já que figuram nela regiões tão incomuns como a atual Silécia polonesa – onde residiu um tempo o humanista e colaborador de Aldo, Johannes Reuchlin, membro destacado do projeto de expansão transalpina da Academia Aldina – ou então cidades como Cracóvia, onde, ao que parece, moravam compatriotas e amigos de Manuzio, como Vicenzo Longino, Silvio Amato, Johannes Haller e um tal Girolamo.

Por comovente que nos resulte, o certo é que os livros procedentes de Veneza chegavam a recantos afastados, até com alguma pontualidade. A regularidade propiciada pelo transporte marítimo levava para a Inglaterra, por exemplo, a produção aldina, alcançando o porto de Southampton, e há registro seguro de que os primeiros locais da Europa a receber tão apreciada mercadoria eram as cidades hoje secundárias de Bruxelas, Ambers e Rouen[21].

Cidades poderosas como Frankfurt, já em fins do século xv, eram centros importantes no comércio de livros, capazes de atrair livreiros e forasteiros de todo canto. Como é natural, Aldo comercializava habitualmente com eles, e não é nada estranho que, com esses antecedentes, ainda se organize em Frankfurt a Feira do Livro, o evento anual mais importante na especialidade[22].

21. *Idem.*
22. S. H. Steinberg, *op. cit.*

Também marcavam presença os Giunta, provavelmente seus piores inimigos, no que tange aos flagrantes plágios realizados em Lion (recorde-se que lhe roubaram os serviços daquele aparentemente insubstituível gravador de tipos Francesco Griffo; por sorte, Aldo acabou achando Giulio Campagnola), onde a família florentina dispunha de tipografia e livraria. Eram, sem favor, os principais distribuidores de livros, e Aldo valeu-se deles sempre que pôde (naturalmente fora da Itália porque, ao menos no que se refere a Veneza, parece que dispunha de bom depósito, em forma de livraria, distante da oficina tipográfica, entre a igreja de São Julião e a celebérrima ponte de Rialto, no coração do bairro dos livreiros).

Os Giunta dispunham de uma cadeia europeia extraordinária, com armazéns em Florença (onde tinham ainda vários ateliês tipográficos), Veneza (onde inauguraram tipografia em 1491, pouco antes de Manuzio), Frankfurt, Londres, Ambers, Genebra, Paris e Lion. Na Espanha seus armazéns situavam-se nas cidades notabilizadas pelo caráter cortesão, eclesiástico ou universitário: Salamanca, Zaragoza, Burgos, Madrid e Medina do Campo[23].

O caráter especulativo que iam ganhando os livros editados por Aldo Manuzio foi provavelmente inevitável. Já se falou do preço em ouro que estava disposto a pagar o grande Erasmo de Rotterdam pelo léxico greco-latino do erudito Bolzânio. Igualmente, um livreiro de Paris pediu certa vez por um exemplar da antologia grega (*Florilégio de Diversos Epigramas*, de 1503) soma equivalente a oito vezes seu valor real (fixado em pouco mais de um ducado e meio), segundo o preço constante no catálogo geral das obras de Aldo.

Esta percepção instintiva tão apurada que lhe permitiu ser pioneiro em tantas coisas, graças, principalmente, às sínteses geniais que fazia do que encontrava disponível (desde os gregos, árabes e hebreus que aproveitou como mão de obra editorial, até os

23. *Idem.*

Página do livro Obras, *de Aristóteles, Veneza, 1495,
in-fólio, 210 x 305 mm.*

devocionários tradicionais de formato de bolso *avant la lettre*, passando pela necessidade de incorporar a letra cursiva manuscrita ao repertório tipográfico etc.), facultou-lhe também captar as melhores expectativas oferecidas pelo mercado, deixando de lado às vezes algo tão querido para ele como as edições gregas (iniciativa, aliás, atrevida, porque quando a iniciou não era frequente em Veneza nem alhures), a fim de atender com prontidão a publicação de obras curtas de seus colaboradores mais íntimos (Pico, Bembo, Maioli, Poliziano, Pontano, Strozzi, Sanazzaro, Colonna, Valla, Interiano etc.). Assim, com medidas simples e estratégicas superou mais de uma vez as crises que levavam inevitavelmente à ruína outras oficinas tipográficas.

Mas, apesar da linha que traçara desde o início, e que em geral seguiu escrupulosamente, Aldo nunca deixou de seguir conselhos tentadores, arriscados e às vezes perigosos. Por exemplo, o grande poeta Ludovico Ariosto, autor de *Orlando Furioso*, escreveu-lhe de Ferrara, dois anos depois de abrir o negócio tipográfico e editorial, animando-o a manter-se apenas nas edições bilíngues e latinas, dizendo-lhe que os estudantes que dirigia comprariam de bom grado tudo que nessa linha editasse. Via também possibilidades de vender muitos livros na Universidade de Pádua porque, dizia, havia nela cátedras de grego importantíssimas[24].

Uso especial, e de toda legitimidade, que Manuzio fez de seu extraordinário prestígio e de seus influentes contatos pessoais, foi a ofensiva desencadeada contra os inescrupulosos que lhe copiaram os achados editoriais, sobretudo no tocante a títulos, tipos e formato. Infelizmente foram ofensivas de todo fracassadas, ainda que alguns privilégios obtidos ameaçaram os infratores com o cárcere e mereceram a chancela do senado da República de Veneza ou dos papas Alexandre VI, Júlio II e Leão X.

Numa prerrogativa veneziana de 1502, por exemplo, fazia-se reconhecimento "ao homem de excepcionais virtudes e cultura

---

24. L. Febvre & H. J. Martin, *op. cit.*

que, com a ajuda divina, tem-se empenhado em editar o maior número de livros greco-latinos, produzidos com atenção e diligência infinitas, com tamanha genialidade que ambas as línguas parecem escritas com pena, imprimindo-os com tanto primor, e publicando-os em benefício de todos os letrados, ignorando o quanto lhe custava essa digna atividade; e para que possa prosseguir nessa missão, para ajudar a que não morra, a República das Letras de nossa cidade, em que, por graça divina, existe também uma Nova Academia, concede-lhe o presente privilégio..." (o que implicava não menos do que o monopólio na Itália das obras editadas em grego e latim e compostas em letra cursiva)[25].

Este ensaio biográfico acaba modestamente como começou, sugerindo que Aldo Manuzio foi, em síntese, um editor descomunal. Talvez o mais consistente e vigoroso da história antiga, contemporânea e, quiçá futura, do livro impresso. Paira sobre seus excepcionais achados de toda ordem (literários, científicos, didáticos, estéticos, tipográficos e pragmáticos) uma síntese temperamental sem dúvida arrebatadora, qual seja a que une de forma admirável cultura e criatividade numa pessoa capaz de reunir valentemente seu amor apaixonado pelos clássicos com a devoção não menos inflamada pelos autores contemporâneos. Algo semelhante àquela sábia atitude dúplice, repartindo-se entre o velho e o novo, de extrema fecundidade e sempre renovada, que o poeta catalão J. V. Foix conseguiu expressar em verso simples e imortal: "M'exalta el nou i m'enamora el vell" ("Exalta-me o novo e enamora-me o antigo")[26].

Apesar da fama e reconhecimento generalizado de seu tempo, apesar das inovações e experimentos que aplicou no livro impresso – e que deram um salto qualitativo de séculos –, apesar do cuidado e escrúpulo investidos na seleção de textos, composição,

25. P. Scapecchi, *op. cit.*
26. J. V. Foix, "Sol, i de Dol", *Obres completes*, Barcelona, Ediciones 62, 1974.

revisões e impressão, até o final da vida (concretamente nas páginas da belíssima edição do Platão de 1513), esse editor único, tipógrafo ímpar e livreiro extraordinário, louvado por papas, reis, governantes, filósofos, cientistas e poetas, não se absteve de reiterar a exigência que impusera a si próprio. Com sua habitual clarividência – dir-se-ia premonitória – imprimiu a severa sentença em que confessa publicamente que nenhum dos livros editados por ele (excelentíssimos na forma e no conteúdo) o deixou plenamente satisfeito:

Nullum enim adhuc dedi librum in quo mihi satisfecerim[27].

Lowry dá para isso uma razão bastante plausível, que subscrevemos plenamente: "Por que haveria de sentir-se tão profundamente desiludido como o expressa na citada frase? Pode-se buscar a explicação no fato de que a tipografia foi apenas uma das ambições de Aldo, e provavelmente não terá sido a maior"[28].

27. M. Dazzi, *op. cit.*: "Até agora não editei nenhum livro que me deixasse satisfeito" (trad. João Angelo Oliva Neto).
28. M. Lowry, *op. cit.*

As Pegadas de Aldo Manuzio

O LEMA PRECÍPUO que a mensagem aldina parece transmitir para a consciência profissional do setor – numa espécie de pós-escrito à genialidade excepcional da personagem – é que só será bom editor aquele que trabalhar conjuntamente nos três setores (edição, impressão, livraria), ou ao menos manifestar certa sensibilidade intelectual, artística e comercial. À margem, pois, de seu possível valor histórico, a tese implícita deste livro, além de outra qualquer razão, leva em conta os fatores diferenciais que caracterizaram desde o início o fenômeno editorial em geral sob a perspectiva do editor, impressor ou livreiro, ou de todos eles juntos.

Como se viu, o sugestivo esquema editor-impressor-livreiro é um invento renascentista que surgiu junto com a tipografia. A partir daí, vem-se reproduzindo de um modo ou de outro na história do livro impresso, de tal sorte que, quando o editor não logrou méritos, fez-se presente a ação do rei ou do papa, e mais frequentemente do cardeal ou do bispo, para depois, no desenrolar rotineiro, ir cedendo aos poucos espaço ao diretor literário, ao diretor artístico ou, mais recentemente, ao diretor comercial. A ação tem sido de completar, ou ao menos recompor, com a maior dignidade formal possível, estas três facetas sagradas.

Do ponto de vista rigorosamente comercial – hoje mandatário – é evidente que desde o século xv até os nossos dias o

Capa da primeira edição de Cem Anos de Solidão, *de Gabriel García Márquez, com desenho de Vicente Rojo, Buenos Aires, 1967, in-quarto, 130 x 195 mm.*

processo editorial mudou muito. Embora nos primeiros tempos se tenha chegado a editar a bagatela de oito milhões de livros em apenas cinquenta anos, coleções modernas, como a Penguin de bolso de 1935, dirigida pelo mítico Allen Lane, já venderam cerca da metade daquela formidável quantidade em seu fabuloso primeiro ano de êxito. Por sua vez, em 1994, a Alianza Cien foi capaz de imprimir, num ano por certo favorável, o que o Renascimento conseguiu em vinte. E a Penguin de novo – agora a do não menos mítico Peter Mayer – supera a fórmula espanhola de bolso, e atinge prazer mercantil ainda maior: durante o primeiro ano consegue editar quase o mesmo que o primeiro meio século da tipografia: 7,5 milhões de exemplares em 1995, sem contar os seis milhões distribuídos nos mercados não europeus, como Estados Unidos, Austrália ou África do Sul.

Outro aspecto do controle decisivo que hoje exerce o editor-vendedor é o mérito indiscutível de vender de um só título o dobro do que o mundo editou nos esplendorosos primeiros cinquenta anos que vão de 1450 a 1500. O romance *Cem Anos de Solidão*, com oito milhões de exemplares vendidos em sua versão original desde 1967 (sem mencionar as inúmeras edições piratas), e outros tantos milhões em suas mais de vinte traduções, continua parâmetro dificilmente superável.

Sob a óptica estritamente editorial, o fenômeno nos permite especular: o que aconteceria se de novo surgisse hoje, passados quinhentos anos, um editor disposto a publicar livros de filosofia, história, poesia, literatura, teatro, ética, gramática, retórica, cartografia, astronomia, ciências naturais e medicina, em grego ou em latim – ou em inglês, espécie de latim atual –, com tiragens de dois ou três mil exemplares, sob a égide do solene lema publicitário de "transformar a sociedade através da cultura"?

Provavelmente, a primeira reação da maioria dos colegas seria considerá-lo louco varrido. Numa concessão máxima, poder-se-ia quando muito rotular a iniciativa de original, atrevida e, portanto, pouco realista, tratando-a mais ou menos como fizeram as rudes personagens de Nikos Kazantzakis com o estranho forasteiro do romance *Cristo Recrucificado*: com um ceticismo próximo da incredulidade.

Se assim fosse, significaria singelamente que a audácia com que a seu tempo se mostrou a alternativa aldina – e o risco assumido ao impor-se aquela linha exigente – teria atravessado os primeiros cinco séculos incólume, sem que sua mensagem inovadora e revolucionária em nada se obsoletasse. Foi um empreendimento sem dúvida singular, não só para plateias como a de 1500, mas também para a nossa do século XXI – e possivelmente para o remoto ano 3000.

Sob outro aspecto, o acordo estabelecido entre Aldo e Erasmo (ou também com Pietro Bembo, autores respectivamente dos êxitos aldinos *Adágios*, do humanista, e *Asolani*, do futuro cardeal) adquire hoje significado especial, ao menos no que se refere à contratação de autores de êxito. Gestão que seria certamente validada *in-totum* por Carmen Balcells, exemplo de agente literária brilhante, eficaz e competente, que tem sabido manter viva como no primeiro dia a relação com o marco estelar de sua carreira: o já citado prêmio Nobel de literatura Gabriel García Márquez.

Para concluir esta primeira condição a ser cumprida por quem deseja produzir livros como Aldo Manuzio, recomendamos que essa magna peripécia cultural foi levada a cabo em apenas quinze anos (e ademais, de uma época em que, sob o aspecto técnico, significavam muito menos). Hoje, editoras de capacidade e dimensão diversas, que celebram com inusitada e legítima alegria a cerimônia de passagem do Equador de seus primeiros aniversários significativos (conscientes do quanto custa amadurecer no campo árido da cultura e dos negócios), acham-se em condições não melhores para valorizar, conforme merecido, o gigantesco esforço aldino: Anaya com seus quarenta anos; Ediciones 62 com 35; Alfaguara e Alianza com trinta; Tusquets, Anagrama e Cátedra com 25; Quaderns Crema e Eumo Editorial com quinze.

Enfim, quinze anos – os aldinos – que mudaram o mundo da cultura impressa, graças sobretudo ao refinado critério e coragem clarividente investidos nessa causa pelo exemplar homem de letras, que passou para a história como editor, tipógrafo e livreiro, em reconhecimento de um trabalho descomunal desenvolvido com urgência histórica em três quinquênios luminares. Como adverte Lowry, "a fama do Aldo impressor induz ao erro de vê-lo apenas como impressor. De fato, investiu mais da metade da sua vida como erudito profissional e mestre, repartindo ambas as atividades por bom tempo, inclusive depois de estabelecer-se em Veneza"[1].

Não se esqueça ainda que "Aldo cresceu à sombra dos círculos intelectuais mais sofisticados de fins do século xv (liderados por Pico della Mirandola, Barbaro e Poliziano), que o levariam a ver a tipografia como meio e não fim em si mesma"[2].

Muito provavelmente, o glorioso lema aldino de "transformar a sociedade através da cultura" aninhou-se, aninha e se aninhará no coração de muitos editores do passado, do presente e quiçá do futuro. Nesse sentido é natural comemorar também que as universidades participem progressivamente da atividade editorial por conta própria. Porque é bom e razoável que a universidade vele diretamente pelos textos necessários e interessantes aos universitários, pós-universitários e mesmo pré-universitários, com os quais tem assumido a sagrada obrigação de transformar a sociedade através da cultura. Ademais, a atividade editorial universitária como empresa não representa novidade: em Oxford, Cambridge, Boston, Paris e Heidelberg começou a funcionar em 1470.

Outro fator ajuda a considerar como de especial excelência a oportunidade atual das iniciativas editoriais de caráter universitário, a saber: grande parte de catedráticos tem dirigido, asses-

---

1. M. Lowry, *op. cit.*
2. *Idem, ibidem.*

sorado e supervisionado durante muitos anos os departamentos literários e científicos das editoras mais exitosas da Espanha. Doravante poderão fazê-lo de seu local de trabalho normal e em proveito de sua própria empresa – na hipótese de que o negócio funcione –, sem o menor traço de concorrência desleal, porque justamente agora os diretores literários vão perdendo espaço – e em algumas editoras até o cargo – em benefício de diretores comerciais e de *marketing*. Parecem, pois, distantes os tempos em que os editores ajustavam seu critério estético e literário com assessorias excepcionais, de verdadeiro luxo, como as desempenhadas por Rainer Maria Rilke para Peter Suhrkamp, André Gide para Gaston Gallimard, Cesare Pavese para Giulio Einaudi, Eugenio Montale para Arnoldo Mondadori, Juan Ramón Jiménez para os filhos de Saturnino Calleja etc.

No tocante à segunda condição, a de tipógrafo (que, com maior propriedade, deveria chamar-se agora projetista), as capas de livros exibem hoje um aspecto de brilho e salutar, como o daqueles clones Gamma, devotos do fordismo puro e duro que Aldous Huxley retratou em *Admirável Mundo Novo*. Semelhante às dietas alimentares interesseiras e hipócritas, propostas todos os dias pela publicidade televisiva, essa saúde tão convincentemente fotogênica se deve a muitos fatores: de um lado, à opulenta mediocridade dos valores materiais que superaram provisoriamente aos espirituais; às gravuras (pinturas, fotografias, ilustrações) em cores e de página inteira; às cartolinas acetinadas, sofisticadamente coloridas (foscas ou brilhantes); aos calandrados, simulando texturas de todo tipo (animais, vegetais e minerais). Doutro lado, à liberdade de um mercado tipográfico que oferece facilidades operacionais para emprego de fontes originais, feitas à imagem e semelhança de seus editores, projetistas e livreiros.

O fato é que existe demanda, e o interesse demonstrado pelas estatísticas do mercado atual vem experimentando aumento impressionante, contrariando as mais pessimistas predições da

Ilustração do livro Hypnerotomachia Poliphili, *de Francesco Colonna, Veneza, 1499, in-fólio, 202 x 312 mm.*

teórica concorrência com os diferentes instrumentos eletrônicos, que realizam à perfeição os mais complexos conceitos pessoais, individuais ou coletivos da multimídia apocalíptica e variada. Eis um único exemplo alentador: nos últimos trinta anos, o percentual de compradores de livros aumentou na Espanha de forma considerável, passando de 28% para 47%, e embora os índices de leitores não tenham subido mais que de 40% para 50%, a realidade é que os leitores leem mais e, portanto, vendem-se mais livros. Isso é o que importa, pelo menos no período histórico em que temos a sorte de viver; como o adverte com exatidão e pragmatismo realista o ensaísta e escritor Daniel Pennac: "Valem menos hoje os hábitos de leitura e mais os de consumo"[3].

Paradoxalmente, as duas circunstâncias favoráveis (o bom aspecto das capas em geral e o aumento do mercado) não somam forças. Como ocorre em física, em que duas energias de mesma natureza se repelem, essas duas forças editoriais positivas chocam-se frequentemente numa visão estreita, conservadora e tímida, por demais mimética da concorrência direta do editor ao lado.

É claro também que o mercado mudou bastante desde a época de Manuzio, e talvez mais nos últimos dez anos do que nos cinco séculos anteriores. Por exemplo, a oferta de "livros" em suporte magnético abre a porta à autoedição – e à edição personalizada – numa interação elementar dos computadores e impressoras em fase incipiente que pode perfeitamente levar a uma reviravolta total nos próximos vinte anos. Dirigida em primeira instância aos mercados do livro de texto para institutos e universidades (há textos cuja oportunidade se esgota apenas nos dezoito meses gastos para editá-los) e setores como bancos e seguros (incansáveis geradores de toneladas de formulários impressos); orientada em segundo lugar a aliviar os gastos descomunais com transporte e armazenamento; preparada, enfim, para programar um livro em

---

3. Daniel Pennac, *Comme un roman*, Paris, Gallimard, 1992. Existe edição castelhana: *Como una Novela*, Madrid, Ediciones Siruela, 1993.

determinada cidade e imprimir à vontade um exemplar ou mais na livraria ou gráfica de qualquer outra cidade, exatamente no dia e hora desejados pelo cliente.

Por sua vez, a gestão empresarial e o *marketing* mudaram também de forma substancial as estratégias do livro em todo o processo, que, não faz muito, empregava tempo excessivo, obedecendo pautas tradicionais para fazer um produto quase artesanal chegar da produção à venda.

Todos esses fatores contribuem para que a terceira condição do editor vacile. Hoje, a livraria acaba se tornando espaço exíguo para o editor-vendedor, situando-se os pontos de vendas mais cobiçados nos centros comerciais, nos grandes *shoppings* e supermercados.

Parece de todo irreversível que "a livraria tradicional passou a ser um meio de comercialização antiquado, cabendo-nos agora conseguir que os livros busquem as pessoas e não vice-versa. Para enfrentar a situação presente de mercado, é preciso que se mudem as feições das capas a cada dois anos"[4].

Isso que Peter Mayer dizia em 1987 (a essa altura diretor executivo da Penguin Books) não era nenhuma bobagem, em que pese Aldo Manuzio já o ter mentalizado quinhentos anos antes, para que seus livros também saíssem "em busca das pessoas", sem renunciar com isso à altíssima categoria de um projeto inovador e perene ao mesmo tempo. Mayer, porém, tinha consciência de que, ao crescer em número, o público leitor costuma fazê-lo sempre pelos níveis culturais mais frágeis ou mais jovens, cujo papel psicológico se afina bem com a oferta de livros baratíssimos (como os já citados da coleção Alianza Cien) ou com os que imitam nas capas o clima, o tom, a linguagem ou o cenário de uma das três referências visuais mais influentes nos jovens deste começo de século XXI: a televisão, os anúncios publicitários ou o

---

4. Citações de conferência pronunciada em 1987 por Peter Mayer, diretor geral da Penguin Books, em seminário sobre coedições na Universidade Menéndez y Pelayo de Santander, no contexto dos cursos universitários de verão.

Projeto de Ángel Uriarte para a nova coleção *Alianza Cien*, Madrid, *1994*, in-oitavo, *100 x 150 mm*.

apelo provocado pelos artigos de consumo, com os quais o livro agora também compete nos pontos de vendas mais concorridos.

Infelizmente, essas "novas amizades" forçam os livros a se retraírem mais do que nunca (como que envergonhados de estarem ali, não aguentam a exibição senão poucos dias). Desnecessário dizer que essa nova organização comercial liquidou também com as saletas de fundo de loja, onde alguns autores se demoravam – como o cair da tarde – a fazer tertúlias, enquanto os clientes consultavam livros de duvidosa atualidade. Foi-se embora isso tudo, restando apenas em pé mesinhas desajeitadas, improvisadas em meio às passarelas centrais das megalivrarias para que em determinados eventos solenes, organizados como rituais mercantis, os livros sejam autografados.

Longe dessas práticas, ainda que em perfeita consonância com as múltiplas políticas comerciais de hoje, ergue-se a esplêndida decadência – que outro nome dar-lhe! – do povoado inglês Hay-on-Wye, literalmente coberto de livros em oferta (o eterno comércio de livros usados), que de forma lenta mas inexorável foram tomando o quartel de bombeiros primeiro, algum açougue depois, o cassino do povoado e outros locais mais tarde. E sem alterar em nada a fisionomia arquitetônica nem os interiores originais, repovoaram os espaços conquistados com livros usados, abarrotadas que foram as estantes da outrora diminuta e provavelmente única livraria do lugar, no início de vertiginoso crescimento comercial especializado, que atraiu consumidores do mundo todo.

As caixas de vídeo simulam grosseiramente capas de livros, assumindo forma camaleônica ridícula num esforço de aos poucos substituir no inconsciente do consumidor a noção de livraria pela de videoteca, sem que a paisagem visual das salas de estar se altere muito, e comprovando, assim, de passagem, que as formas foram sempre mais consagradas do que os conteúdos. Analogamente, algumas coleções de livros começam a exibir capas que se parecem perigosamente com embalagens de produtos cosméticos ou alimentícios, como se almejassem figurar nas listas de mais vendidos próprias da discografia juvenil. Em meio dessa banalidade comercial, alguns livros se transformam em fetiches da cultura contemporânea, e pode ocorrer de nos comovermos ao contemplar, estampada numa camiseta, em grande formato, uma capa clássica da Gallimard ou umas das históricas Penguin das séries laranja ou verde.

Face a questões tão básicas – e talvez tão irreversíveis também –, as mutáveis circunstâncias socioeconômicas do livro vão cedendo paulatinamente grande parte de sua identidade visual típica, buscando adaptar-se à nova dinâmica comercial, sem graves traumatismos. E conseguem fazê-lo de modo bastante eficaz e competitivo (em contrapartida, talvez pouco brilhante e audaz), evitando enfrentar a audiência, por exemplo, e apostando decididamente naquilo que o público espera, como fez Mayer, e naturalmente sem parar para pensar no elevado propósito aldino de "transformar a sociedade através da cultura".

Como expressão de sensibilidade refinada e culta, o diretor executivo da Penguin Books decorava seu escritório com quadros que reproduziam as magistrais capas históricas desenhadas por Bertold Wolpe, Jan Tschichold ou Eric Gill, entre outros, durante a etapa final da fecunda junção mitológica das culturas literária e visual, antes do grande desastre mediático.

Quem sabe se um espírito tão brilhante e gostosamente italiano, clássico, pagão e renascentista (como o historiador George Painter classificou Aldo Manuzio), mas também tenaz, inovador e crítico (como o demonstrou soberbamente em sua obra) enxergasse na situação atual do setor, em sua crescente confusão e mesmo na clara perda de identidade que tais transtornos supõem, atrativo suficiente para se dispor a participar da tarefa. De fato, especular com os códigos icônicos mais convencionais e transtornar sua lógica perceptiva – exaltada sempre algo arbitrariamente – faz parte dos desafios clássicos que Aldo superou com brilho e que os projetistas gráficos de talento acolheram tradicionalmente com real entusiasmo. No fundo, a genial decisão aldina de atrever-se a adaptar à tipografia a letra inclinada própria dos manuscritos e chancelarias, por exemplo, insere-se nesse comportamento criativo, a um só tempo irreverente e dedutivo.

Ainda hoje, o anonimato em que se conserva a ideia revolucionária de aplicar um signo tipográfico como o efe cursivo na face de um violino é prova evidente de gênio visual e intelectual – e da capacidade de transmutação das imagens – como poderia sê-lo a imitação que os vídeos fazem com desfaçatez da forma dos livros. A diferença está em que no primeiro caso o trabalho resultou de critérios inovadores e de sensibilidade e, no segundo, de plágio sem imaginação nem talento.

O impacto, em todo o caso, é fruto da distância cultural que separa no tempo e no espaço as experiências eruditas e refinadas da genialidade renascentista das grosseiras especulações atuais. Na obra inovadora e revolucionária da malograda Equipo Crónica (Rafael Solbes e Manolo Valdés) há uma pintura de 1976 que logo se tornará tão impenetrável quanto *A Tempestade* de Giorgione, a que se fez referência na primeira parte deste livro. A tela *Querido Amigo*, da série "Trama", é composição com figura de procedência genética deliberadamente ambígua (entre Picasso e Francis Bacon), em volta da qual giram, à moda de satélites, e num cosmos cultural cuja ordem está de todo subvertida, uma série migratória de símbolos gráficos de identidade mais que confusa.

A hermenêutica ortodoxa já não serve hoje para interpretar corretamente o quadro. Como um presságio, essas imagens de identidade editorial revelam-se, com toda a sua atual imponderabilidade, suspensas para sempre num tempo e espaço já não seus. À exceção das de Gustavo Gili e da Coleção Austral da Espasa Calpe, ambas redesenhadas mas milagrosamente vivas, o resto de grafismos e pictogramas pertencem já à obscuridade virtual e indecifrável do reino do esquecimento. Nem a editora Siglo XXI, nem a Losada, nem a Fondo de Cultura Económica, nem Barral Editores, nem a Alianza Editorial dos anos 1970 têm mais a

Equipo Crónica (Rafael Solbes, Manolo Valdés), Querido Amigo, série "Trama", Valência, 1976.

ver com o que expressam no quadro. Menos ainda significam ao usuário dos grandes centros comerciais de hoje paradigmas dos atuais pontos de venda de livros.

O aforismo 1001 intitulado por Erasmo com o lema de Augusto *Festina lente* ("Apressa-te devagar"), aparentemente voltado ao rei e ao ofício de governar – e que Aldo Manuzio adotara como seu logotipo –, indica que o lema "merecia ser gravado em todas as colunas e escrito em letras de ouro nas portas dos templos". Considerado por Silvana Seidel como "joia de erudição clássica completada por inteligente propaganda editorial"[5], pode também considerar-se um ensaio de retórica e iconologia onde o sábio humanista analisa o logotipo de seu amigo tipógrafo: a lentidão é representada pela âncora, símbolo do trabalho feito devagar e conscientemente, enquanto a agilidade é representada pelo golfinho, numa complementaridade simétrica do ofício tipográfico, lento e ao mesmo tempo rápido. (Com certeza, entre as ilustrações de *Hypnerotomachia Poliphili* aparece um golfinho e uma âncora que lembram muito o logotipo de Aldo, talvez o original do artista misteriosamente desconhecido.)

Deixando atrás essas prosaicas considerações, Erasmo alça voo entoando um hino à tipografia e nomeando o editor Aldo nada menos do que príncipe de um império maior e mais perdurável que qualquer outro império mundano. "Quem restaura a cultura perdida ou a ponto de perecer – algo mais difícil do que criá-la – firma-se em primeiro lugar num empreendimento sagrado e imortal; em segundo lugar, o que faz não se prende aos habitantes desta ou daquela província, como fazem os políticos, e sim ao mundo inteiro do presente e do futuro. Se a glória maior entre os políticos merece-a o egípcio Ptolomeu, pela criação da biblioteca de Alexandria, cujos livros se encerravam entre as paredes do museu, os da biblioteca de Aldo não tinham limites dentro do mundo"[6].

5. H. Escobar, *op. cit.*
6. *Idem, ibidem.*

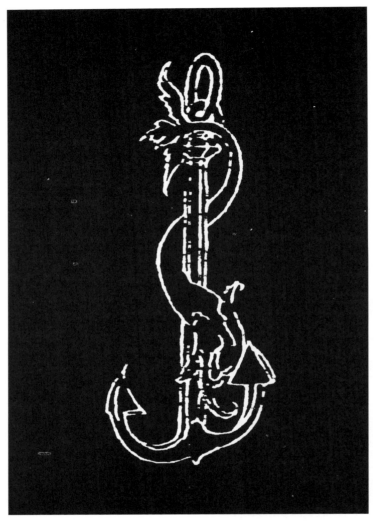

Ilustração do livro Hypnerotomachia Poliphili, *de Francesco Colonna, Veneza, 1499, in-fólio, 202 x 312 mm. A extraodinária semelhança com a marca tipográfica de Aldo Manuzio leva a pensar que os dois sejam do mesmo autor (ver p. 163).*

O livro, à margem dos nomes citados ao longo deste volume (Morris, Franklin, Bodoni, Didot, Morison, Tschichold, Wolpe, Gill) e outros mais como Pierre Faucheux, Robert Massin, Willy Fleckhaus, Otl Aicher, Bradbury Thompson, Daniel Gil ou Quentin Fiore, não mudou muito em seu aspecto visual. Manifestou isso o grande bibliófilo Miquel i Planas há cem anos, com palavra sábia e prudente, como já o mencionamos; e recentemente destacou-o enfaticamente o projetista e periodista norte-americano de origem húngara Tibor Kalman: "Se os automóveis fossem projetados com os critérios econômicos e conservadores com que se projetam revistas e livros, estaríamos ainda circulando em Fords T"[7].

É evidente que o processo de produção – e portanto de projeto – do livro vem experimentando progressos importantes ao longo dos quinhentos anos que o separam de Aldo Manuzio, embora tenha melhorado relativamente pouco, se excetuarmos o aspecto técnico. No século XVIII, por exemplo, o Racionalismo criou o dicionário ilustrado, forma editorial nova que trazia no bojo um propósito pedagógico elevado, que diversificava a oferta editorial, enriquecida e fortalecida no século XIX com as formas editoriais inéditas: o livro infantil ilustrado e a novela popular, geralmente também ilustrada e em folhetins.

A Revolução Industrial, por sua vez, estimulou de forma extraordinária o processo, sob outros aspectos: de um lado, facilitou o desenvolvimento mecânico da litografia e o tratamento em cores das ilustrações (o livro infantil e juvenil, por exemplo, alcançou o ápice de sua história, segundo Walter Benjamin)[8]; por outro, a sociedade industrial dispôs de certa capacidade aquisitiva com a qual fomentou gradualmente as expectativas de um mercado consumidor mais amplo.

7. "O Projetista Tibor Kalman Acha que É Preciso Ser Progressista e Superficial", *La Vanguardia*, Barcelona, 8 de março de 1995.
8. W. Benjamin, *op. cit.*

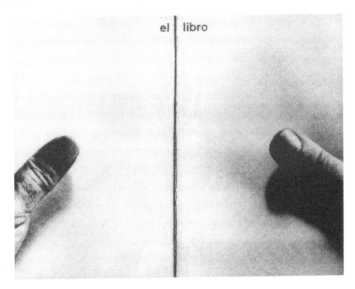
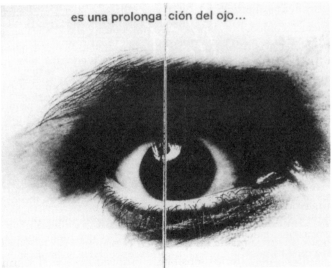

Páginas espelhadas de famoso livro projetado por Quentin Fiore, The Medium is the Massage, *de Marshall McLuhan, Nova York, 1967, in-oitavo, 110 x 180 cm.*

Mais tarde, o Romantismo e o Modernismo arredondaram o processo com a criação de uma literatura e o nascimento de iniciativas editoriais comprometidas com a transformação cultural da sociedade, recuperando assim o lema aldino no cerne mais descarnado da sociedade industrial. A exaltação dos sentimentos e dos nacionalismos coincide também com os primeiros êxitos editoriais da indústria do livro: Dickens, Goethe, Balzac, Dumas, Hugo, Twain, Tolstói...

Naturalmente, as capas assumiram a partir daí função incomum de propaganda, tímida mas significativa. O título, o autor e a editora instalaram-se de modo progressivo e firme em lugar de destaque, enquanto a ilustração em cores tomou impulso, de início nos livros infantis e na literatura popular, e acabando por constituir hoje o percentual de atração visual atuante do objeto, segundo os departamentos de comercialização. O caráter popular desses livros e o estado embrionário da fotografia da época justificam a presença majoritária de ilustrações nos projetos das capas, que chegou até os anos 1850 com imagens multicoloridas (Walter Crane, Aubrey Beardsley, William Bradley, Gustave Doré, Wilhelm Busch, Emil Preetorius, Apeles Mestres, Arthur Rackam, e mais tarde Joan G. Junceda, Rafael de Penagos, Arturo Ballester, José Segrelles, Luis Seoane, Ramón Gaya, Roque Riera Rojas etc.).

Em fins do século xix, o processo de ilustração de capas tem o futuro garantido porque, em 1895, exibiu-se publicamente um invento que permitiu à imagem estática projetar-se numa tela, criando convincente ilusão de movimento: nascia o cinematógrafo e somente cinquenta anos depois a televisão levou a imagem a quase todos os lares do mundo, graças à rendição incondicional da sociedade toda, inclusive da resistência passiva e individual mais radical.

Apesar de tudo, a conquista foi lenta e árdua. A primeira década do século xx repudiou o excesso de formatos e imagens que ca-

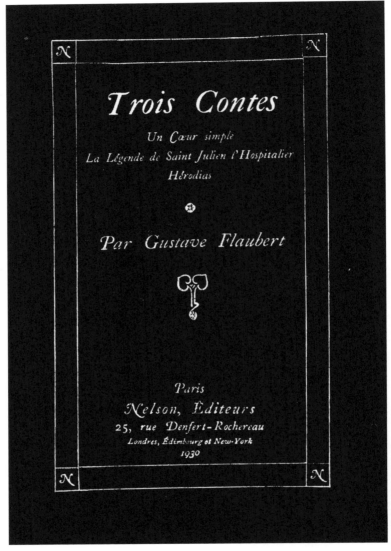

Frontispício de um livro da coleção "Nelson", Paris; Londres; Edimburgo; Nova York, 1930, in-oitavo, 100 x 155 mm.

racterizou os últimos anos modernistas do século XIX, e preparou uma etapa racionalista limpa de ornamentos e essencialista. Claro que o Modernismo trouxera uma contribuição editorial decisiva, primeiro com o florescimento das chamadas Artes Gráficas e depois com a experimentação de novas técnicas; isso enriquecera notavelmente o aspecto visual dos livros, tanto por fora como por dentro. Mas a célebre coleção de bolso de capa dura da Nelson (curiosa editora com vocação internacional precoce e com sedes em Paris, Londres, Edimburgo e Nova York) já assinalou um estilo de transição, com decoração ondulada minimalista nas capas; seu coroamento se deu esplendidamente com a coleção rústica Nouvelle Revue Française, editada pelo jovem Gaston Gallimard em 1911, com um projeto afortunadamente mantido até nossos dias sem mudanças consideráveis. Deve-se isso ao bom gosto do projetista da casa, o famoso Robert Massin, que se limitou a redesenhar o símbolo anônimo da coleção (*nrf*) e a substituir nos anos 1950 uma tipologia romana anódina pela acertada escolha da oitocentista didot, uma das glórias – ao lado da renascentista garamond – da tipografia francesa de todos os tempos.

Na Alemanha – terceira grande potência editorial europeia, ao lado da França e Inglaterra – ainda pesava o movimento Jugendstil ("Modernismo" na versão germânica) e, em consequência, a renovação foi mais lenta e menos radical, na espera da cristalização iminente das formidáveis vanguardas racionalistas, mesmo estando movida pelo esforço pioneiro do Werkbund Institut. Um de seus promotores mais notáveis foi o arquiteto Peter Behrens (mestre de Walter Gropius), autor da imagem global mais espetacular da história do desenho moderno de identidade corporativa e de produto. Em 1908 completara ele um processo de desenho generalista, precursor do Racionalismo, que afetou todos os produtos fabricados pela AEG (lâmpadas e pequenos eletrodomésticos), a marca, os cartazes de comercialização e materiais de publicidade; mas também, e sobretudo, as fábricas e escritórios, inclusive os imóveis onde se sediavam dirigentes,

Capa da coleção *Nouvelle Revue Française*, Paris, Gallimard, 1911, in-quarto, 140 x 205 mm, redesenhada nos anos cinquenta por Robert Massin.

técnicos, administradores e operários. Behrens colaborou igualmente com Peter Suhrkamp, deixando para a história o desenho da marca Insel Verlag de 1899: um veleiro que vai e vem da ilha editorial (*insel* significa ilha em alemão). De certo modo, o editor do jovem Rilke e de Thomas Mann recebeu conselhos estéticos, em diferentes momentos, do insigne arquiteto e ilustrador Emil Preetorius (amigo pessoal de Mann), dos projetistas Walter Tiemann, Jan Tschichold, Eric Gill, Emil Rudolf Weiss e de um futuro crítico de arte, o eminente Nikolaus Pevsner, com a colaboração do qual editou encantadores livrinhos de capas em geral ilustradas, à revelia das furiosas teorias antiornamentais que começavam a ser difundidas por círculos radicais, inspirados principalmente pelo arquiteto Adolf Loos e pelo filósofo Karl Kraus.

Entrementes, a Inglaterra prosseguia capitalizando convenientemente a sábia condição conservadora que lhe é peculiar, num processo de adaptação gradual do produto editorial tradicional aos avanços fulgurantes da técnica – e às vezes também da estética – sem abdicar dos benefícios alcançados por uma experiência acumulada ao longo dos séculos. As grandes editoras universitárias (Oxford e Cambridge) e privadas (da pequena Victor Gollancz às grandes Penguin e Thames and Hudson) continuavam tranquilas publicando seus livros sem aparentes hesitações face às sucessivas e não raro incompatíveis estéticas; persistiam num tratamento tipográfico sóbrio e característico que superou os grandes inovadores do projeto editorial britânico moderno (com Stanley Morison e Jan Tschichold à testa), sem alterações perceptíveis nas formas tradicionais.

No século xx, os movimentos vanguardistas começaram logo a traçar alternativas radicais para a composição tipográfica; com isso alguns livros – sempre especiais – beneficiaram-se dessas fascinantes e revolucionárias ideias formais. Das "palavras em liberdade" dos futuristas de Marinetti (desde 1909), às composições iconoclastas dos dadaístas (a partir de 1917); dos experimentos

Projeto de Lissitski, O Lazar, de uma página do livro Em Voz Alta, Berlim, 1923, in-fólio, 185 x 265 mm.

de Theo van Doesburg (1919), à alteração das ordens dos construtivistas soviéticos (por volta de 1918); das ideias e conceitos revolucionários da Nova Tipografia à homologação sistemática da Bauhaus (no intervalo de 1919 e 1933) etc.

Entre os livros mais belos e originais impõe-se destacar os de Eliezer Markóvitch Lissitski, chamado *O Lazar*, engenheiro e arquiteto de profissão. Mais um arquiteto a dedicar-se de corpo e alma às artes aplicadas, fundador do construtivismo soviético e projetista dos livros antológicos publicados em Berlim: o conto infantil *Os Dois Quadrados* (1922) e *Em Voz Alta* (1923), este com poemas de Maiakóvski. Levam ambos às últimas consequências formais as enormes possibilidades compositivas dos tipos e dos elementos tipográficos, bem como o emprego do vermelho e preto (as tintas tradicionais da tipografia), em jogos inspiradíssimos, que superam de forma admirável os condicionamentos, as limitações e sobretudo a rigidez dos procedimentos, ainda pouco desenvolvidos do ponto de vista técnico. Apesar, porém, de seu extraordinário valor, estes desdobramentos não serviram de modelo para uma renovação definitiva das composições dos livros convencionais. Daí que a carga experimental e artística que contêm deva classificar-se em divisões marginais da história do livro – entre o livro-objeto e de arte –, louvando-se suas virtudes em letras miúdas.

Jan Tschichold, projetista notabilíssimo de origem eslava, colaborou com a Insel Verlag, e talvez por isso as novidades que pôs em voga tornaram-se bem mais acessíveis.

Pôs em prática seu conhecido radicalismo, propagando as virtudes revolucionárias e iconoclastas da Nova Tipografia, em livro que escreveu, projetou e publicou em 1928 (todo em caixa baixa e sem ornamentos, intitulado literalmente *die neue typographie* [*a nova tipografia*]), declarando-se convencido de que também no livro é a função que cria a forma; poucos anos depois, inesperadamente renegava suas teorias. Mesmo assim, a tipografia sem ornamentos entrou pela porta principal dos livros (pela capa, poderíamos dizer), e com ela também a fotografia, outra linguagem gráfica sequestrada que os vanguardistas da Nova Visão resgataram, graças a Tschichold, entre outros, e à oportuna comercialização em 1927 das magníficas fontes da Futura, desenhadas por Paul Renner.

Por paradoxal que pareça, assinale-se que os epígonos da reforma e modernização do projeto gráfico e tipográfico editorial, Tschichold e Renner – ambos alemães –, não tinham a menor relação, por exemplo, com a famosa escola de desenho Bauhaus. Escola que, afora a elaboração de uma doutrina teórica e metodológica vital para o desenvolvimento rigoroso das disciplinas do desenho, não trouxe outra contribuição à profissão do desenho gráfico a não ser a figura de Herbert Bayer que, apesar do grande talento, jamais se especializou em desenho tipográfico ou editorial.

Citamos já as valiosas contribuições tipográficas de Sir Stanley Morison (projetista do famosíssimo tipo times new roman), e as reformas na composição de Tschichold. Este, autor da remodelação de todas as coleções editadas pelo grupo Penguin (do qual foi diretor artístico entre 1947 e 1949) e de algumas normas de tipografia, paginação e projeto consideradas as mais apropriadas e ambiciosas de toda a história do livro (como o foram também para a história dos periódicos as definidas por Morison para *The Times*, nos anos 1930 e 1940, e ambos na Inglaterra), melhorou em sensibilidade e rigor a imagem editorial da Penguin Books, convertendo-a no paradigma inevitável de todas as coleções de bolso do século xx. De fato, nas mãos de Tschichold, a tipografia se transforma em arte e a gill, a times e a garamond explodem como poucas vezes seu brilho natural (tanto nas capas como no miolo), graças sobretudo ao domínio excepcional na manipulação da macrotipografia (tipos, tamanhos e variantes) e da microtipografia (espaço entre letras ou *set*, espaços entre palavras e espaços entre linhas ou entrelinha).

A permanência de Tschichold na Inglaterra, antes de estabelecer-se definitivamente na Suíça, é circunscrita pelas trágicas

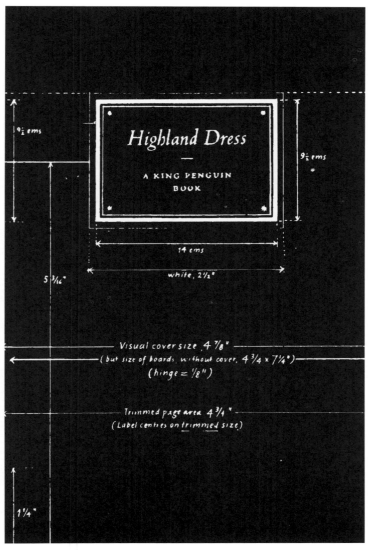

Jan Tschichold, normas de projeto das capas dos livros de bolso Penguin, Londres, 1947-49, in-oitavo, 110 x 180 mm.

circunstâncias da Segunda Guerra Mundial (1939-1945), parêntese sangrento que tolheu todas as iniciativas culturais civis, exceção feita às subversivas, como as levadas a cabo por John Heartfield, no final da Primeira Guerra Mundial (1914-1918), na editora alemã Malik, fundada por ele, seu irmão e o pintor Georges Grosz. Experimentou então nas capas técnicas magistrais de "uma arma de arte revolucionária"[9], como foi a fotomontagem, coisa que hoje talvez lamentaria, ao vê-la nas mãos da publicidade e a serviço quase exclusivo do aliciamento de nossa sociedade de consumo.

Nada obstante, recuperada a paz, iniciou-se logo na França uma operação editorial de emergência e de grande fôlego – renascida na Espanha de hoje, com força comercial insuspeitada e a mão de ouro, paciente e coordenada do consórcio alemão de meios de comunicação Bertelsmann. Um grupo de editores fundou em 1947 o Club Français du Livre, que distribuía as novidades entre os sócios, valendo-se da forma criativa de vender periodicamente um título de aceitação inconteste; o êxito foi enorme na Europa arruinada da época, sobretudo na França, Alemanha, Itália e Espanha. Apesar de que o mais interessante, pelo menos a nosso ver, é que a maior parte das capas duras, páginas editoriais (guardas, páginas de crédito, frontispício, aberturas, capítulos etc.) e alguns miolos completos foram tratados com total liberdade pelo arquiteto e projetista gaulês Pierre Faucheux, uma das personalidades mais originais da criação de livros do século xx e provável inventor de algo até então inédito: o tratamento das páginas de rosto duplas, invadindo em geral a página branca da esquerda, reservada em algumas edições para a foto do autor ou biografado e às quais tratava com maior esmero, se cabe dizer, do que a capa.

Nos Estados Unidos, a euforia da vitória militar aliada aparentemente plainou sobre um desenho gráfico adornado de notas

9. D. Evans, *John Heartfield. Arbeiter-Illustrierte Zeitung. Volks illustrierte 1938-38*, Kent Fine Arts & Gallery, Nova York (em colaboração com IVAM Centro Julio González, Valência), 1992.

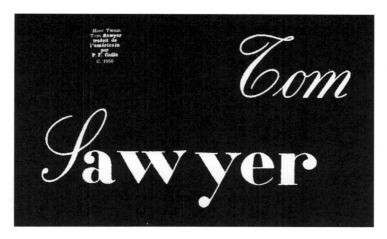

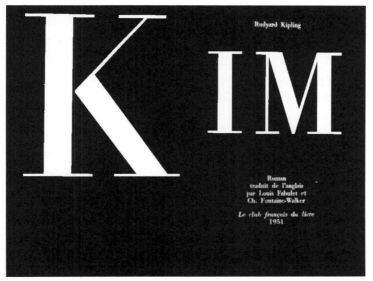

Dois frontispícios projetados em página dupla por Pierre Faucheux nos anos 1950-1951, respectivamente, para o Club Français du Livre, empreendimento inédito de venda direta aos associados, semelhante ao Club du Meilleur Livre ou ao Club des Libraires de France, para os quais trabalhou.

humorísticas variegadas. Na área editorial, a produção de certos livros tradicionalmente sóbrios e até algo enfadonhos (como as primeiras enciclopédias temáticas, por exemplo) transformou-se, por obra e graça desse toque humorístico, em valorização indiscriminada das façanhas vanguardistas europeias dos anos 1920--1930, expressas ademais sob uma fórmula funcionalista, que chamaríamos hoje *light*, e então se denominou *reader's digest*. Nada obstante, nas mãos sobretudo do projetista Bradbury Thompson, essas técnicas chegaram às raias do virtuosismo, independentemente de haver ele realizado a maioria dos projetos, nos anos 1950, para uma editora heterodoxa (para não rotulá-la de publicitária), subsidiária da indústria de papel Westwaco.

Por sua vez, pequenas editoras nova-iorquinas como George Wittenborn, Alfred A. Knopf e Pantheon Books (a joia da coroa do império Random House, fundado também por Knopf) fizeram dos projetos elemento de destaque num país onde o livro mal se via apoiado pelos projetistas de prestígio, cujos representantes dependiam mais das solicitudes das grandes empresas multinacionais e agências de publicidade do que das pírricas demandas eventualmente produzidas no setor editorial. Talvez por isso, ocupe ainda nos Estados Unidos a primazia de obra bem--feita o Cícero editado por Franklin em 1774, ao lado de colaborações esporádicas e louváveis, como as de Alexei Brodovitch, Alvin Lustig, Paul Rand e Milton Glaser, entre muitos outros.

A reconstrução alemã concentrou-se, de modo bem expressivo, neste setor editorial com a reforma que Peter Suhrkamp imprimiu numa empresa mítica, ao mudar o legendário nome Insel para Suhrkamp Verlag. Foi um processo longo e cauteloso que culminou, à morte do fundador em 1959, com sua sucessão por Siegfried Unseld e a concessão de plenos poderes na direção artística a outro talento de envergadura na área de projetos: Willy Fleckhaus. Seus trinta anos de prática criadora demonstram que, quando existe sensibilidade e talento, as escravidões aparentemente mais condicionadoras, que costumam servir de desculpas aos incompetentes (imagem, cor, preço), podem integrar-se num projeto sóbrio, coerente e nobre (ou brilhante, eficaz e competitivo, na terminologia mercadológica atual, definidora de virtudes dos projetos em nossa sociedade de consumo). O grosso e luxuoso volume que Unseld publicou há anos, em homenagem ao autor de uma obra monumental[10], é exemplo insólito da reverência de alguns editores por seus projetistas. Nessa mesma linha, leve-se em conta o livro publicado pela Imprensa Nacional francesa em honra de Robert Massin, assim como os que se venham a editar no futuro sobre arquitetos gráficos com essas dimensões gigantescas[11]. A colaboração de um dos últimos projetistas "gurus", devoto do racionalismo mais ortodoxo e inteligente, como foi Otl Aicher (professor e diretor da Hochschule für Gestaltung de Ulm), com o editor berlinense Severil & Siedler se não fosse interrompida trágica e prematuramente pela morte em acidende do eminente projetista, talvez desse lugar a outro volume antológico.

Fleckhaus soube modernizar todos os repertórios clássicos das capas exclusivamente tipográficas, impressas então costumeiramente sobre fundos de cores lisas e brilhantes, empregando admiravelmente a fonte Times negrita, por exemplo – variedade tipográfica de difícil manejo –, substituindo as cores de fundo, que a tradição empregava com elaboração rigorosa, por tons de cromatismo limpo e primário. A disposição ordenada das cores do arco-íris produziu em sua época (anos 1970) efeito crepuscular bem atraente, sobretudo nas lombadas, e em coleções de bolso completas, dispostos seus volumes nas estantes de bibliotecas ou livrarias.

Na Suíça sempre houve bons editores, desde o antigo Fröben (sócio de Amerbach e ambos amigos de Erasmo) e os que colaboraram antes e depois da Segunda Guerra Mundial com Jan Tschichold (Benno Schwabe, Holbein Verlag, Birkhäuser,

---

10. S. Unseld, *Der Marienbader Korb. Über die Buchgestaltung im Suhrkamp Verlag. Willy Fleckhaus zu Ehren*, Hamburgo, Suhrkamp Verlag, 1976.
11. R. Massin, *L'ABC du métier*, Paris, Imprimerie Nationale, 1988.

**Hans Magnus Enzensberger
Politische Brosamen**

suhrkamp
taschenbuch

*Projeto de Willy Fleckhaus de capa para a coleção de bolso da Suhrkamp
Verlag, Frankfurt, 1986, in-oitavo.*

Einhorn, Eugen Rentsch), até a Diogenes Verlag atual. Entretanto, antes de completar-se a década de 1930, uma modesta editora revolucionou o mercado de livros de arte, talvez definitivamente.

Conta Picasso que um jovem foi certa vez vê-lo para pedir-lhe que ilustrasse um livro que desejava editar sobre Napoleão. O artista malaguenho mais famoso da história da arte negou-se categoricamente, pois jamais sentira o mínimo interesse pelo lendário militar; em contrapartida, aconselhou-o a que repensasse a ideia, enquanto aprendia o ofício de editor. Algum tempo depois, quando o jovem contava 23 anos de idade e juntava o dinheiro necessário para editar o primeiro livro de arte da futura grande marca editorial, voltou a visitar Picasso para dessa vez oferecer--lhe nada menos que a *Metamorfose* de Ovidio[12]. Corria o ano de 1929 e Albert Skira inaugurou com esse primeiro título uma série admirável, caracterizada formalmente pela publicação de lâminas em cores plenas muitíssimo bem reproduzidas, impressas sobre papel *couché* e coladas nas páginas do livro, confeccionado em papel tipo clássico, num formato semelhante a álbum de cromos. O tratamento tipográfico era sempre muito bem cuidado, com imagens geralmente inéditas e capas duras encadernadas com tecidos finos ou rústicos e sobrecapas, de formato às vezes surpreendentemente quadrado. Um excelente produto no conjunto que, embora sem contar com projetistas de prestígio reconhecido, foi imitado à saciedade. A atenção especial que dedicava ao projeto e paginação dos livros manifesta-se em seu modo de trabalhar com montagens de páginas que fixava nas paredes da editora, em sequências de considerável extensão, para contemplar à distância o conjunto, apreciando assim mais facilmente tanto as harmonias de composição a adotar como os detalhes a serem percebidos.

Mais uma vez, destacam-se na França as edições do poeta, editor e tipógrafo-projetista Jean-Jacques Pauvert, as divulga-

---

12. F. Gilot & C. Lake, *Life with Picasso*, New York, MacGraw Hill, 1964. Existe edição castelhana: *Vida con Picasso*, Barcelona, Editorial Bruguera, 1965.

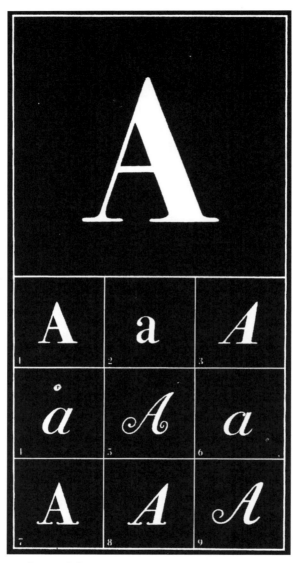

Página de livro de orientações editado e projetado por Franco Maria Ricci em homenagem a Giambattista Bodoni, Milão, in-quarto, 130 x 230 mm.

ções enciclopédicas projetadas pelo inspirado Erik Nitsche, que fez escola (a par de ser requisitado internacionalmente), e a pequena editora fundada pelo publicista Robert Delpire nos primeiros anos da década de 1950, suficiente para criar admirável linha de monografias, de formato e critérios estéticos semelhantes aos respeitados produtos Skira, mas com temas claramente diferenciados. Apesar de sua evidente influência, ainda hoje as monografias da Editora Delpire transpiram maior sofisticação, devido, talvez, à filiação publicitária do diretor de uma empresa editorial, participando de agência de publicidade. Nelas o projeto é elemento onipresente, que soube explorar a fundo os achados intuitivos que na paginação, composição e seleção de imagens (com frequência em páginas duplas) empregou Skira: resultou um produto ilustrado visando distinguir-se mediante os conceitos mais seletos de originalidade e refinamento.

Em fins da década de 1950 iniciou-se na Itália um processo espetacular de projeto industrial que conseguiu impulsionar, em poderoso efeito centrífugo, o setor editorial para a renovação radical de toda sua imagem gráfica. As colaborações de Enzo Mari com Boringhieri, de Bruno Munari com Einaudi, de Albi Steiner com Faltrinelli e de Mimmo Castellani com Laterza expressam o estilo dos principais paladinos de revolução tão discreta e profunda, cujos efeitos se mantiveram incólumes até quase os nossos dias. Nesse contexto favorável viabilizaram-se realidades criativas bem diversas, desde os originalíssimos livros infantis pensados de forma inteligente e brilhante por Bruno Munari, até os editores de estirpe bibliófila como Franco Maria Ricci, editor-projetista apaixonado pela obra cativante de Giambattista Bodoni, cuja tipografia incorpora sistematicamente em todas as suas publicações, de refinamento luxuoso e culto (poderia servir de exemplo o curioso detalhe que irmana Franco Maria a Aldo: ambos empregam o mesmo papel Fabriano!), apesar de também bastante competitivas, como refletem sobejamente as coleções Os Signos do Homem, a série de bolso Biblioteca de Babel e a sofisticada revista *FMR*.

Aconselhado profissionalmente pelo projetista Giulio Confalonieri, adotou com gosto e eficácia a cor preta como elemento de fundo da maior parte de suas capas. Com esse recurso simples, aliado à esplendorosa e sistemática presença da tipografia e demais ornamentos gravados magistralmente por Bodoni em Parma, conseguiu Ricci uma imagem própria suficientemente sóbria para se destacar com força no cenário editorial – um tanto confuso – que se começou a desenhar nos anos sessenta e ainda não concluído.

Já se comentou o êxito editorial dos livros de bolso projetados pela Alianza Editorial, fundada em 1959 por José Ortega Spottorno, que contou com o periodista Javier Pradera (procedente da sede madrilenha da editora mexicana Fondo de Cultura Económica), Jaime Salinas (que voltou a Madrid depois de proveitosa permanência na secretaria da Biblioteca Breve de Seix y Barral) e o novo valor gráfico que representou Daniel Gil (repescado por Salinas ao departamento de projetos da empresa discográfica Hispavox). Com capas originalíssimas que empregavam a fundo pela primeira vez o recurso da imagem, converteram-se na Espanha daquele tempo no modelo a ser seguido. A competência da clássica Coleção Austral, de caráter tipográfico e sem imagens mas acima de tudo desalinhada e anacrônica, foi insuficiente para tolher as novas iconografias fotográficas e coloridas. Claro que os catálogos gerais também fazem diferença (as mais substanciais), assim como a organização da empresa. Por exemplo, a designação de Gil como diretor artístico foi mais um dos acertos empresariais da editora (ao estilo de Gallimard, Einaudi ou Suhrkamp) e sem dúvida a única medida fundamental que a concorrência não soube imitar. Quem melhor o fez talvez tenha sido Edições 62 com Jordi Fornas, ainda que o mercado incipiente e quase clandestino como o catalão da época não desse para mais. Nesse sentido, a Alianza Editorial foi favorecida e aproveitou bem a oportunidade.

De fato, frutificou a sementeira que contra vento e intempéries haviam semeado alguns editores singulares, poetas por natureza. O pioneiro foi José Janés, com mais de 1600 títulos editados entre os dificílissimos anos das décadas de 1940 e 1950, organizados em cinquenta coleções. Apesar das penúrias dos tempos, as edições tinham notável dignidade, no papel e na encadernação em tecido, concentrando-se, porém, todo o rigor no aspecto tipográfico. Em 1957, Carlos Barral introduziu corajosamente a imagem fotográfica em branco e preto nas capas da coleção Biblioteca Breve da Seix y Barral, sob sua direção, numa decisão vanguardista e pessoal, seguida logo depois por Esther Tusquets na cuidada coleção Palabra e Imagem da Lumen, com os mesmos fotógrafos das sobrecapas de Barral, ilustrando textos de excelentes autores espanhóis contemporâneos. Quase em seguida, o projetista Alberto Corazón valia-se da imagem fotográfica de modo contundente e agressivo – sem deixar de ser poético –, fazendo-a flutuar, por exemplo, no preto profundo das capas da coleção Visor de poesia, ainda hoje em catálogo.

Eram tempos de prova, e fizemos uma das últimas tentativas nos anos atribulados entre 1977 e 1988, nas Edições Alfaguara, projetando o desenho exterior e interior de alguns livros que enfrentaram com garra o desafio mercantil – estabelecido antes da explosão comercial –, partindo de uma estética inovadora radical exclusivamente tipográfica. Parece que isso agradou Jaime Salinas (da escola de Carlos Barral e Giulio Einaudi, ambos apaixonados pela tipografia), que acabara de sair da Alianza para imprimir modernidade numa editora fundada em 1964 por Jesús Huarte, e que talvez estivesse algo bitolada por Camilo José Cela, editor emérito da notável revista *Papeles de Son Armadans*.

Passada essa rajada exploradora, a produção editorial buscou também inspiração no *marketing* e na ditadura inexorável dos novos pontos de vendas. O projeto de livros, à semelhança do projeto de embalagens, que não se caracteriza em absoluto por um condicionamento experimental, entrou numa dinâmica semelhante à dos anos 1980 para cá – conservadora e temerariamente eclética –, policiada com zelo excessivo pelos gerentes ligados aos

Sobrecapa do número 1 da Coleção de bolso Austral. Buenos Aires, 1937, in-oitavo, 115 x 175 mm.

Capa da coleção Literaturas, de Ediciones Alfaguara. Madrid, 1978, in-oitavo, 115 x 195 cm. Projeto de Enric Satué.

projetistas, numa fórmula mimética de cunho empresarial, adaptada neste caso à nova produção gráfica.

Tal situação, por outro lado, não é estranha, pois algumas das editoras clássicas mais expressivas do mundo estão hoje nas mãos de empresas multinacionais, grandes grupos ou bancos: Doubleday e Bantham são verdadeiros trustes da área editorial; a "pequena" divisão espanhola, conhecida como Círculo de Lectores, é parte do poderosíssimo consórcio multinacional Bertelsmann, o segundo do mundo em meios de comunicação; Matras, fabricante de armas, surpreendeu ao comprar a Hachette; a antiga editora inspirada pelo mítico Jonathan Cape pertence agora ao poderoso grupo editorial americano Random House. Berlusconi, o patético "rei" das televisões privadas, dos times de futebol, do diário *La Republica* e da coalisão editorial Forza Italia, adquiriu a Mondadori e a Einaudi; Espasa-Calpe tornou-se propriedade do Banco Bilbao-Vizcaya; o Grupo Z, editor de jornais, revistas e sócio de cadeias de rádio e televisão, edita também livros; Altea, Taurus, Alfaguara e Aguilar estão hoje em mãos da Prisa, sociedade editora de *El País* e Canal Plus.

Nunca se teve quadro parecido, ao menos com tanta clareza, e é lógico que a injeção de capitais alheios tenha provocado fortes contrapartidas. Alguns dos efeitos mais visíveis terão sido a irrupção no mundo editorial de interesses novos, de uma política marcadamente financista, de enorme sensibilidade ao dinheiro aplicado, de uma política diferente de relações públicas, e até de um empenho sem igual de praticar publicidade na televisão. Critérios esses que tendem a tratar o livro em função da quantidade e não da qualidade – situados, pois, em extremos opostos aos de Manuzio.

Isso tudo faz parte de um processo de diversificação de negócios que se poderia definir como o empresariamento da atividade editorial, tomando-se de empréstimo o termo ao ex-diretor do *Chicago Tribune*, que assim resumia a mudança substancial sofrida pelo setor periodístico, aliás, bem semelhante ao editorial.

Os grandes grupos do setor são hoje, como diz com conhecimento de causa Squires, "empresas preocupadas com as vantagens, com as ações postas na bolsa. A política tradicional de manter o departamento comercial afastado da elaboração das notícias começou a mudar. Os editores comerciais ajudaram (no começo discretamente) os diretores executivos, e o êxito de sua gestão multiplicou as vantagens, empobrecendo, porém, a qualidade do produto, quiçá definitivamente"[13].

Antes pesava mais, muito mais, o lado editorial do que o comercial, pela simples razão de que o proprietário costumava sentir-se muito mais editor do que comerciante, no sentido idealista do termo, num tempo em que as atividades editoriais eram, como recorda Squires com lucidez ao falar do periodismo, "um negócio conscienzioso e de propósito elevado"[14].

É razoável que uma reforma estrutural desse calibre possa chegar a afetar negativamente os campos da cultura de massas, nos quais a criação individual, por tradição, tem desempenhado papel importante. O cinema, por exemplo. A atriz Daryl Hannah (protagonista do filme *Blade Runner*, visão talvez premonitória do futuro) fez a seguinte análise numa entrevista: "Acredito que a razão da crise reside no fato de que o cinema é *apenas* negócio. No fundo, é o aspecto financeiro que move o pessoal encarregado das decisões, e *estes* escolhem os filmes a serem feitos e quem os faz. E todas essas decisões criativas se tomam sob a óptica do negócio. Por isso é difícil combinar bem as duas coisas. Seria fantástico se os criadores fossem os responsáveis por essas decisões; mas, quando isso ocorre, não é grande o público dos filmes"[15].

---

13. J. D. Squires, *Road All About It*, New York, Times Book-Random House, 1993. Existe edição castelhana: *Chantaje a la Prensa*, Barcelona, Editorial Prensa Ibérica, 1994.
14. *Idem, ibidem*.
15. "Daryl Hannah, la Estrella Invisible", *El País Semanal*, Madrid, domingo 7 de maio de 1995.

Em campo tão influente do processo de divulgação da cultura da forma, como é chamado o desenho industrial, depara-se com o mesmo fenômeno. Ettore Sottsass, autor lendário e pioneiro da famosa máquina de escrever portátil Valentine, da Olivetti, e fundador do Menphis, grupo milanês revolucionário, declarava não faz muito que "o desenho industrial se aproxima de um ponto ambíguo, complicado. Nos últimos dez anos, o *marketing* se converteu em pseudociência. Hoje, são os produtores, quando não os grupos de *marketing*, e não os projetistas que decidem como se projeta. Já me vi muitas vezes diante dessas pessoas, que me dizem: 'Isso não vai vender'. Face a tal argumento não se tem nada a responder"[16].

Há que se levar em conta também que semelhantes mudanças são demolidoras e que alguns editores "à antiga" não conseguiram adaptar-se de todo à nova situação. Claro que existem atenuantes, porque tratar de assuntos editoriais – tomemos como exemplo – com fabricantes de armas e sair de passeio por hipermercados com música ambiente, ao invés de fazê-lo pelas agradáveis e silenciosas livrarias tradicionais, é algo que nem todos suportam. André Schiffrin é um que não resistiu. O filho do criador da mítica coleção francesa Pleiade (Gallimard) e diretor editorial da Pantheon Books há muitos anos foi destituído pela nova equipe empresarial do poderoso grupo Random House (paradoxalmente a editora que publicou o livro em que Squires preconizava a morte cultural e moral do periodismo, submisso aos interesses industriais e financeiros), porque não vendia livros suficientes. E pelo que se pode ver em nosso meio editorial, isso é algo totalmente inadmissível em momento histórico como este, determinado pela virada do século.

Na verdade, o bonito movimento de solidariedade internacional que os profissionais dedicaram ao editor norte-americano despedido, em pequena escala mas expressivo, foi a manifestação dra-

---

16. "Ettore Sottsass", *El País*, Madrid, sábado, 29 de novembro de 1997.

mática de um protesto geral, testemunhal e impotente – portanto, praticamente estéril – por uma figura de profissional, qual seja a do editor convencional de livros, em sério perigo de extinção. Nesse sentido, o inglês Peter Owen se considera "um dos poucos editores independentes que ainda sobram. A maioria das editoras forma hoje parte de conglomerados pertencentes a magnatas sem interesse especial pela literatura. Em consequência, a atividade de publicar se tornou mais profissional mas também mais desumana. Outra mudança, durante o tempo em que sou editor, é que agora é bem difícil vender livros. Os financistas que dirigem os grupos editoriais não se adaptam às novas circunstâncias (por certo difíceis), de modo razoável e sensível. Por isso, acredito que os pequenos editores, se eficientes, podem ser bem mais maleáveis e ajustar-se mais facilmente às tendências adversas"[17].

Nos últimos anos, a revisão estilística das capas, inserindo nelas formas aplicadas nos livros projetados nas décadas de 1920 a 1950, tem procurado abrir espaço, num mercado tão mimético e estreito; com legitimidade, por certo, sobretudo em país como a Espanha, que não é leitor contumaz. Ediciones Siruela – uma das que devolveu ao livro certa nobreza das formas tradicionais, imitando no começo Franco Maria Ricci, de quem traduziu para o castelhano sua Biblioteca de Babel; Tusquets Editores – talvez a que seleciona com mais esmero as reproduções de pinturas (outra epidemia) nas capas; Quaderns Crema; Columna – combina o antigo e o moderno indiferentemente, sempre em busca de mercados; Trieste – dava nova oportunidade nas capas a tipografias recuperadas nos quiosques de livros de Cuesta de Moyano e Eumo Editorial – usuários de uma poética tipográfica cosmopolita: são apenas alguns exemplos de uma prática de projeto que, apesar de sua sensibilidade, foi alijando progressivamente a expe-

---

17. P. Owen, *The Peter Owen Anthology*, London, Peter Owen Publishers, 1991.

Projeto de John McConnell (ligado ao estúdio multinacional
Pentagram) de uma coleção da Faber & Faber. Londres,
1994, in-oitavo, 125 x 195 mm.

rimentação e, por conseguinte, o risco formal, nas capas de livro. Nesse sentido, a coleção de bolso Fábula, da Tusquets, projetada pelo prestigioso Pierluigi Cerri, é também significativa.

Para que se complete o retrato do projeto editorial atual, é preciso citar as recentes empresas "especializadas em projeto editorial", que vêm aos poucos se incumbindo de um serviço cada dia mais publicitário, mais técnico e mais anônimo – e também menos brilhante –, empenhadas apenas em torná-lo eficaz e competitivo, segundo as regras do jogo vigentes. O exemplo da Pentagram talvez seja paradigmático para definir o projeto de livros do presente, e provavelmente do futuro. Trata-se de uma organização peculiar de um estúdio de projetos, criada em Londres, em 1960, por Alan Fletcher, Colin Forbes e Bob Gill, que se transformou com o tempo em verdadeira empresa multinacional (da qual foram desertando os fundadores, primeiro Gill e, faz alguns anos, Fletcher, aterrorizados pelas consequências empresariais de seu invento), com sedes em Nova York e San Francisco, e com um regime empresarial semelhante ao das franquias de moda nas redes comerciais atuais.

Peritos em imagem corporativa, caracterização, embalagem e projeto de produto, entraram em 1985 para valer no setor editorial, mudando a imagem da Faber & Faber (mediante o projeto impecável de seu projetista associado John McConnell), valendo-se de métodos e estratégias de mercado oriundos da experiência acumulada nos trabalhos de empresa e de produto característicos da equipe multidisciplinar britânica. Praticantes de um racionalismo de divulgação em perfeita sintonia com os limites de aceitação do mercado – longe, claro, do pregado pela mítica Bauhaus dos anos 1920, mas ainda assim brilhante, competitivo e eficaz em altíssimo grau –, tendo por marca típica a repetição em forma de "indiana" do duplo *efe* característico do novo logotipo editorial da Faber & Faber (também desenhado pela Pentagram), tem sido o elemento mais interessante, pois recuperou uma forma clássica de fundos de capas e guardas.

A   llò que més encoratja la nova
     dinàmica de fer llibres és que
     quan s'han disgregat
     completament les tres
     condicions que en el
     Renaixement reunia un
H   ome sol, i després d'haver vist tots plegats
M   és d'una crisi relacionada amb l'estrany
F   enomen de la venda de llibres, se'n venguin
M   és que mai. Justament ara, que tendeix a
D   esaparèixer l'editor i el tipògraf (sinònim aquí
D   e dissenyador), el guany sembla consolidat i no
H   i haurà, previsiblement, marxa enrere.
D   e manera que com més llibres es venguin
M   enys editors, tipògrafs i fins i tot llibreters hi
H   aurà, i amb això el concepte d'autoedició
P   rendrà, potser, una significació literal. Perquè
A   ra hi ha alguna cosa que no s'acaba de pair
P   rou bé. I és que aquesta millora decisiva i
N   ecessària en la gestió comercial del negoci
E   ditorial vagi aparellada, en general, a una
D   avallada de la qualitat editorial, potser més
D   iscutible ara que no hi ha interferències a la
L   libertat que no ho fou anys enrere. La distància
D   'Aldo Manuzio és, doncs, sideral. Però allò que
L   a majoria de nosaltres no podia imaginar és que
Q   ui va al davant és ell i no pas nosaltres!

Interpretação atual de uma página aldina, característica de livros de bolso, composto em Rotis 10/12, in-oitavo, 100 x 160 mm.

Por ora, essa é a forma imperante, porquanto, a seu modo, Sellerio, Elect ou Adelphi na Itália; Peter Owen ou Academy na Inglaterra; Diogenes Verlag na Suíça; Teorema em Portugal; The New Press nos Estados Unidos e algumas outras mais podem controlar também, a partir da autoridade e do critério de seus quadros dirigentes, uma política de aplicação de imagens coordenada e sistemática, cujas raízes estão mais perto da objetividade moderna de empresas (as imagens de identidade corporativa se fazem e se aplicam exatamente assim) do que da subjetividade tradicional da cultura, especulativa e experimental por sua própria natureza.

Olhe-se por onde se queira, essa nova dinâmica com que se produzem os livros gera certa insipidez. Desagregadas por completo as três condições sagradas que o Renascimento conseguiu compendiar num só homem, e depois de ter sofrido mais de uma crise relacionada com o estranhíssimo fenômeno da venda de livros, espanta que hoje se vendam livros como nunca. Justamente agora, quando tendem a desaparecer editor e tipógrafo (este sinônimo aqui de projetista) e o lucro parece consolidado, sem que haja possibilidade de um retrocesso.

De sorte que, quanto mais livros se vendam, menos editores, tipógrafos e até livreiros haverá, e com isso o conceito de autoedição assumirá, talvez, um sentido de todo literal. Embora haja algo que não se enquadra nunca neste esquema triunfante do legítimo negócio editorial: vem a ser que esta melhora decisiva – e sob todos os aspectos necessária – na gestão empresarial implique, em geral, uma degradação da qualidade editorial mais discutível do que nunca, ao não fazer referência, por exemplo, à liberdade de expressão. O afastamento de Aldo Manuzio assume, pois, magnitude sideral. Todavia, o mais curioso do caso é que a maioria não podia sequer imaginar que, nesta corrida, quem saía na frente era ele e não nós. Dir-se-ia que o empresariamento da edição, que estimula também a associação inédita de projetistas e gerentes, afetou em certo sentido inclusive a criação literária, e hoje a mitologia comercial começa a ser elogiada (isso sim, em tom irônico, como sabiamente aconselhavam Platão e Horácio, ao tratar de coisas sérias) pelos cronistas mais brilhantes e receptivos da tribo.

Tal empresariamento progressivo do negócio supõe também, pelo que se vê, nova relação com o projetista – asséptica, diligente e apaixonada. Em absoluta coerência com este funcionamento, a dinâmica internacional da edição está transformando a função personalizada e experimental característica do projeto, convertendo-a agora num serviço anônimo meramente competitivo. Como resultado, este serviço funcional – e em alguns casos até burocrático – já não é preciso que seja executado pelo responsável físico tradicional (o projetista), senão que pode perfeitamente realizá-lo o representante jurídico de uma sociedade comercial, como as que têm surgido significativamente na Espanha nos últimos tempos: Estúdio CB, SDD Servicios de Diseño, Next, Studio SM (talvez da gráfica SM e, mais provavelmente, da editora SM), BM (iniciais, quem sabe?, da editora Beatriz de Moura), J. S. & G. G. (as duas primeiras iniciais coincidem com as do editor de Siruela, Jacobo F. J. Stuart Martínez de Irujo), Iborra & Asociados, Ricard Badia & Asociados, Estudio Propaganda, Pré-textos (SGE), Eulalia Coma SC, Compañía de Diseño, Summa Comunicación, A.M.3, Tasmanias etc., em circunstâncias empresariais que prefiguram um futuro iminente e inquietante: a industrialização do projeto.

Certamente o retrato de nossa sociedade não seria de todo fiel, se não incluísse o fenômeno do consumo, transformador da morfologia – e da psicologia – do cidadão contemporâneo. Sem dúvida a aparição de marcas na literatura atual obedece a esta nova liturgia econômica, social e cultural própria do fim do século, que ademais adula as vaidades dos quadros dirigentes editoriais, em função da condição de vendedores que os caracteriza. E pelo visto isso mal começou, pois os augureiros da comunicação visual prognosticam que o século em curso será "o século das logomarcas".

Assim, os autores de narrativa colocaram-se à altura dos tempos e decidiram citar marcas de produto em seus romances, e mesmo fazer, como se fosse natural, largas referências sobre como o projeto transforma os costumes. Claro que o mercado manda, sobretudo em tempos de vendedores, mas o certo é que em questão de inovação levam vantagem aos projetistas. Um consolo, ao menos, é a obra redentora que fez por nós Aldo Manuzio, quinhentos anos atrás, à qual Erasmo de Rotterdam contribuiu, ao acolhê-la por escrito.

Por exemplo, em certo romance de Nicholson Baker, um homem aparentemente medíocre reflete sobre os menores detalhes do cotidiano – como o formato de vasilhames de leite, ao qual dedica dez páginas do livro – no estilo meticuloso e visual do autor: "A ideia brilhante segundo a qual alguém cortava uma das aletas triangulares da embalagem de papelão, empurrava para trás as abinhas à maneira de asas, usava a dureza da própria costura revestida de cola contra si mesma, para forçar assim a selagem, de dentro para fora, sem precisar sequer tocá-la, até convertê--la numa abertura em forma de diamante que era o distribuidor ideal, melhor até do que a abertura circular de uma garrafa ou o bocal de um cântaro, porque se conseguia um escoar finíssimo de leite, do modo mais simples, deixando-o deslizar sobre aquele ponto de ataque – era algo de que eu sem dúvida gostava ao ir aperfeiçoando minha capacidade de me servir de meu próprio copo de leite ou preparar minha xícara de cereais...

"Minha mãe levou anos para desistir de tentar, distraída, abrir as embalagens a vácuo pelo lado contrário, apesar das explicações que eu lhe mostrava instruindo que um dos bicos estava muito mais colado que o outro, e essa diferença vinha indicada pelas palavras 'abrir aqui' impressas sobre o desenho de uma flecha. Ignorar isso equivalia a ser incapaz de levar a invenção a sério"[18].

---

18. N. Baker, *The Mezzanine*, New York, Simon & Schuster, 1986. Existe edição castelhana: *La Entreplanta*, Madrid, Altea, Taurus, Alfaguara, 1990.

Oe Kenzaburo, Prêmio Nobel de Literatura 1994, descreve sua aproximação ao projeto a partir de interpretação curiosa e irônica de uma imagem popularíssima no Ocidente: "Procuro mapas de estradas da África Ocidental e Central e da África do Sul... A atendente apanhou dois mapas de capas vermelhas e colocou-os sobre o balcão... Bird viu o símbolo típico da Michelin. O homem de borracha inflada rodando um pneu pela estrada levou-o a achar que seria besteira comprar aquilo"[19].

Entretanto, essa passagem insignificante destaca de modo sutil a oposição cultural claramente existente entre o Oriente e o Ocidente. É evidente que se nós ocidentais fizéssemos leitura semelhante, os pneus Michelin (ou, pelo menos o logotipo) teriam sumido do mercado há no mínimo um século. Também parece evidente que nenhum ocidental "lê" tal símbolo sob essa distorcida óptica nipônica; e se não bastasse, agrega-se à anedota o assombroso paradoxo de que o simpático boneco-guerreiro, projetado em Paris no início do século XX, tem aspecto tão notório de samurai que Oe poderia integrá-lo sem dificuldade na galeria de seu mais puro contexto estético-cultural. Enfim, outra mensagem recente relacionada com esse símbolo – procedente também da Ásia – consiste na divulgação do centenário da marca de pneus, comemorada com o familiar personagem devidamente adelgaçado, depois de submetido a intensa "dieta", imprescindível, pelo visto, para agradar ao mercado asiático, que planejam conquistar definitivamente nos próximos anos. Se este episódio não indica cabalmente que em 2000 ingressaremos no século dos logotipos, que venha Deus testemunhá-lo.

Por sua vez, Quim Monzó, escritor de êxito crescente e projetista gráfico na juventude, estabeleceu também uma metáfora do consumo e do conhecimento da tipografia que só os entendidos podem saborear:

---

19. Oe Kenzaburo, *Kojinteki na Taiken*, 1964. Há edição castelhana: *Una Cuestión Personal*, Barcelona, Editorial Anagrama, 1989.

As Pegadas de Aldo Manuzio ❦ 223

Màrius Roussillon, o "Bibendoum" da Michelin (Paris, 1910), símbolo de marca de pneus e de uma coleção de guias de viagem.

Joan Brossa, Homenagem ao Livro, *Gremio de Libreros de Ocasión de Cataluña, Barcelona, 1994 (Fotografia: Antônio Carlos da Cunha e Castro).*

"Dois dias depois, descobriu que não precisava comer outras coisas: bastava-lhe nutrir-se de letras. Não carecia de frutas nem de leite nem de carne nem de legumes nem de peixes. Os alimentos convencionais deixavam-no cada vez mais indiferente, duas semanas mais tarde, já lhe causavam repugnância. Começou a distinguir umas letras das outras, não tanto a substância de que estavam feitas (isso não tinha a menor importância: logo percebeu que esse detalhe não influía em nada, fosse no grau de nutrição, fosse no requinte do sabor), como os diferentes tipos, tamanhos, variantes e características. Foi assim descobrindo que as *sans-serif* eram mais digestivas do que as *avec-serif*; que entre estas, a *egyptienne* era a mais pesada, tanto que (comida antes de dormir) produzia insônia ou terríveis pesadelos"[20].

Infelizmente é o consumo que manda, e esta conjuntura estabelecida e aceita com alegria entre livros e marcas – ou entre as palavras e as coisas, para expressá-lo em tom brossiano – permitiu ao poeta Joan Brossa instalar em Barcelona, em espaço público central, um poema visual esculpido, que é uma homenagem nostálgica, e quiçá fúnebre, ao livro. Pôs ele num pedestal um livro antigo de capa vermelha, gloriosamente manuseado e que, a julgar pelos machucados, provavelmente correu mais de uma vez o risco de ser destruído. Mas, à semelhança do fascinante brinquedo infantil joão-teimoso que lhe serve de suporte, balança sem jamais cair, numa esplêndida metáfora plena de poesia, modernidade e ética.

Depois de tantos giros, quem sabe um dia se volte a considerar o livro como outrora (na verdade, a autoedição informática já acena com livros pessoais, como os de preces e horas medievais, retornando às origens, depois de completar um ciclo). E aos que os produzem e também aos que os conservam talvez se exija que cumpram de novo os três singelos preceitos propostos pelo

20. Q. Monzó, *Uf, va dir ell*, Barcelona, Quaderns Crema, 1978.

insigne filólogo e bibliotecário Jordi Rubió i Balaguer – desta vez levando em conta o fator econômico que possa estar em jogo:

1. Estar previamente apaixonado pelo livro;
2. Ser-lhe generoso;
3. Legar aos outros o trabalho esperançoso de tantos anos[21].

Quase o mesmo que exemplarmente praticou Aldo Manuzio nos milagrosos quinze anos intercalados de 1495 a 1515 (com as interrupções antes apontadas). Como disse De Toldo[22]: "Dedicou todas as suas forças à realização de suas edições, com a máxima perfeição técnica, continuando a nos impressionar pela escolha dos tipos, bonita proporção dos formatos, qualidade do papel e correção do texto. E embora tenha a princípio oferecido suas edições aos entendidos, cuidou também, logo em seguida, de pô-las a serviço de número maior de leitores ávidos de saber e de beleza. Para atingir tal objetivo, não se satisfez com a correção do texto, nem com sua distribuição harmoniosa sobre as páginas, mas sim buscou ainda a decoração (o projeto, diríamos hoje), rodeando-se para tanto dos mais brilhantes colaboradores.

"Humanista convicto, persuadiu-se Aldo Manuzio de que o modesto volume tipográfico era, no mais das vezes graças ao conteúdo, muito superior ao mais estupendo manuscrito, inclusive os iluminados tão delicadamente pelos melhores artistas. Convencido da missão benéfica a ser desempenhada pela arte tipográfica, resolveu conservar externamente seu aspecto nobre, despojando-o ao mesmo tempo da solenidade típica dos livros de horas, missais e breviários, tão em voga naqueles tempos.

"Para Aldo, o livro representou instrumento delicado e cotidiano de trabalho, que o sábio e o curioso deviam manusear com liberdade; foi o primeiro editor de seu tempo que compreen-

---

21. Citação de conferência pronunciada em 1968 pelo eminente bibliotecário Jordi Rubió i Balaguer na livraria Porter de Barcelona.
22. Vittorio De Toldo, *op. cit.*

deu a enorme importância do livro, empenhando-se em torná-lo prático em cada uma de suas partes, sem que perdesse sua categoria artística."

Por derradeiro, pode-se dizer que as encadernações aldinas são a imagem da justeza de espírito de seu autor que, na atividade de editor, tipógrafo e livreiro, revelou-se sempre como continuador da grande e única arte clássica, instituindo um exemplo do passado, do presente e, quiçá, do futuro do livro.

Livros, Opúsculos e Catálogos Publicados por Aldo Manuzio

Livros in-fólio

TEODORO GAZA, Introduções Gramaticais (em grego), 1495, 396 p., 205 x 309 mm.

TEÓCRITO, Églogas (em grego), 1496, 280 p., 209 x 313 mm.

TESOUROS, Cornucópias e Jardins de Adônis (em grego), 1496, 268 p., 205 x 318 mm.

ANTIGOS Gramáticos (em grego), 1496, 540 p.

ARISTÓTELES, Obras I (em grego), 1495, 464 p., 210 x 305 mm.

ARISTÓTELES, Obras II (em grego), 1497, 536 p., 214 x 312 mm.

ARISTÓTELES, Obras III (em grego), 1497, 914 p., 214 x 312 mm.

ARISTÓTELES, Obras IV (em grego), 1497, 1034 p., 214 x 314 mm.

ARISTÓTELES, Obras V (em grego), 1498, 632 p., 227 x 327 mm.

JAMBLICHUS, De Mysteriis AEgyptiorum. Chaldaeorum. Assyriorum, 1497, 368 p., 195 x 293 mm.

JOHANNES PHILOPONUS, Dicionário Grego (com tradução para o latim), 1497, 486 p., 198 x 300 mm.

ARISTÓFANES, Comédias (em grego), 1498, 696 p., 206 x 320 mm.

ANGELO POLIZIANO, Ominias opera, 1498, 904 p., 204 x 313 mm.

ALDO MANUZIO, Primeiro Catálogo das Edições Gregas (em latim), 1498, 2 p., 245 x 357 mm.

ANGELO POLIZIANO, A Justa de Giuliano de Médicis: Poesias (em latim), 1498, 60 p.

ASTRÔNOMOS Antigos (em grego), 1499, 372 p., 202 x 313 mm.

DIOSCÓRIDES, Sobre Matéria Médica (em grego), 1499, 368 p. 203 x 322 mm.

NICCOLÒ PEROTTI, *Cornucopiae, sive linguae commentari...*, 1499, 642 p., 206 x 307 mm.
FRANCESCO COLONNA, *Hypnerotomachia Poliphili*, 1499, 468 p., 202 x 312 mm.
ACADEMIA ALDINA, *Leis* (em grego), 1499, 2 p.
SANTA CATARINA DE SIENA, *Santa Epistolae devotissime...*, 1500, 20 p., 214 x 320 mm.
FILOSTRATO, *Sobre a Vida de Apolônio de Tiana* (em grego e latim), 1501, 132 p., 212 x 311 mm.
GIORGIO VALLA, *De expertendis, et fugiendis rebus opus I*, 1501, 628 p., 277 x 427 mm.
GIORGIO VALLA, *De expertendis, et fugiendis rebus opus II*, 1501, 672 p., 277 x 427 mm.
JULIUS POLLOX, *Vocabulário* (em grego), 1502, 20 p., 213 x 312 mm.
TUCÍDIDES, *História da Guerra de Pelaponeso* (em grego), 1502, 248 p., 203 x 305 mm.
HERÓDOTO, *Nove Livros que Levam os Nomes das Musas* (em grego), 1502, 280 p., 204 x 315 mm.
STEPHANUS BYZANTINUS, *Sobre as Cidades* (em grego), 1502-1503, 160 p., 214 x 321 mm.
POETAS Cristãos, II (Advertência) (em latim), 1502, 2 p.
ALDO MANUZIO, *Advertência aos Tipógrafos Lugdúneos* (em latim), 1503, 2 p.
LUCIANO, *Obra* (em grego), 1503, 572 p., 202 x 316 mm.
AMMONIUS, *Comentários ao Livro sobre a Interpretação* (em grego), 1503, 292 p., 171 x 281 mm.
ULPIANO, *Breves Comentários sobre as Orações Olintíacas e Filípicas de Demóstenes* (em grego), 1503, 344 p., 186 x 291 mm.
XENOFONTE, *Omissa: Chamada Também Gestas Gregas* (em grego), 1503, 312 p., 305 x 208 mm.
BESSARION, *In calumniatorem Platones*, 1503, 240 p., 218 x 318 mm.
ALDO MANUZIO, *Segundo Catálogo de Livros Publicados* (em italiano), 1503, 4 p.
ORÍGENES, *In genesim Homiliae... Divo hieronymo interprete*, 1503-1504, 376 p., 215 x 318 mm.
ARISTÓTELES, *Problemas* (tradução para o latim de Teodoro Gaza), 1504, 410-548 p., 210 x 306 mm.
JOHANNES PHILOPONUS, *Comentários Esclarecedores sobre os Analíticos Posteriores de Aristóteles* (em grego), 1504, 590 p., 178 x 288 mm.

ARISTÓTELES, *De natura animalum*... (tradução para o latim de Teodoro Gaza), 1504, 604 p. (?), 204 x 311 mm.
ESOPO, *Fábulas* (em grego e tradução para o latim), 1505, 300 p., 175 x 278 mm.
DISCURSOS de Oradores Gregos I-II (em grego), 1508, 728 p., 194 x 302 mm.
DISCURSOS de Oradores Gregos III (em grego), 1508, 418 p., 192 x 305 mm.
ERASMO DE ROTTERDAM, *Adágios* (em latim), 1508, 418 p.
PLUTARCO, *Obras Menores* (em grego), 1509, 1068 p.
DISCURSOS de Oradores Gregos I (em grego), 1513, 198 p.
PLATÃO, *Obras I* (em grego), 1513, 1068 p., 190 x 304 mm.
PLATÃO, *Obras II* (em grego), 1513, 882 p., 190 x 304 mm.
ALEXANDRE APHRODINENSIS, *Comentários sobre os Tópicos de Aristóteles* (em grego), 1513, 564 p., 200 x 310 mm.
NICCOLÓ PEROTTI, *Cornucopiae, sive linguae latinae commentaris*..., 1513, 160 p., 210 x 307 mm.
ALDO MANUZIO, *Terceiro Catálogo de Livros Publicados* (em latim), 1513, 5 p.
ESÍQUIO [Hesychius], *Dicionário* (em grego), 1514, 396 p., 213 x 320 mm.
ATENEU [Athenaeus], *Dipnosofistas* (em grego), 1514, 632 p., 212 x 332 mm.
SUIDA, *Sobre a Ordem Alfabética dos Termos* (em grego), 1514, 778 p., 204 x 325 mm.

Livros in-quarto

MUSAEUS, *Opúsculo sobre Herone e Leandro* (em grego), [1495, 1497?], 20 p., 157 x 222 mm.
TEODORUS PRODROMUS, *Galeomachia* (em grego), 1494, 20 p., 140 x 210 mm.
MUSAEUS, *Opúsculo de Herone e Leandro*, 1494, 24 p.
CONSTANTINO LASCARIS, *Os Erotómanos com Interpretação Latina* (em grego), 1495, 332 p., 144 x 200 mm.
PIETRO BEMBO, *De Aetna ad Augelum Chabrielem liber*, 1496, 60 p., 138 x 190 mm.
ALESSANDRO BENDETTI, *Diaria de bello carlino*, 1496, 136 p., 214 x 155 mm.
NICCOLÓ LEONICENO, *Libellus de Epidemia, quam vulgo morbum gallium vocant*, 1497, 60 p., 160 x 219 mm.
VALERIANO, *Gramática* (em grego), 1497, 424 p.
JUSTINO DECADYUS, *Saltério* (em grego), 1498, 300 p., 148 x 200 mm.
LORENZO MAIOLI, *Epyphilides*, 1497, 208 p.
SOBRE a Conversação das Proposições (em latim), 1497, 144 p.

QUESTÕES de *Averróes* (em latim), 1497, 64 p.

LORENZO MAIOLI, *Sobre os Graus da Medicina* (em latim), 1497, 110 p.

LORENZO MAIOLI, *Sobre a Enfermidade Gálica* (em latim), 1497, 58 p.

NICCOLÒ LEONICENO, *De tiro seu vipera* (em latim), 1497, 16 p.

URBANO BOLZANIO, *Instituones graecae gramaticae*, 1498, 436 p., 155 x 206 mm.

JOHANNES REUCHLIN, *Oração* (em latim), 1498, 24 p.

CARTAS *de Filósofos, Oradores, Retóricos...*, *I* (em grego), 1499, 532 p., 156 x 212 mm.

CARTAS *de Filósofos, Oradores, Retóricos...*, *II* (em grego), 1499, 276 p., 156 x 212 mm.

GIROLAMO AMASEO, *Vaticinum...*, 1499, 24 p., 145 x 199 mm.

T. LUCRECIUS CARO, *[De rerum natura] libri sex super emendate*, 1500, 216 p., 152 x 215 mm.

GIOVANNI FRANCESCO PICO DELLA MIRANDOLA, *Liber de imaginatione*, 1501, 80 p., 151 x 220 mm.

NONNIUS PANOPLITAS, *Paráfrases do Evangelho Segundo São João* (em latim), 1501 [?], 102 p., 146 x 202 mm.

BERNARDO GIUSTINIANO, *Oração de Luís XI* (em latim), 1501, 100 p.

ALDO MANUZIO, *Rudimentos Gramaticais da Língua Latina* (em latim), 1501-1502, 216 p.

CONSTANTINUS LASCARIS, *De acto paribus orationis* (em grego e tradução para o latim), 1501-1503, 470 p., 154 x 215 mm.

CONSTANTINUS LASCARIS, *Sobre as Oito Partes da Oração* (em grego e tradução latina), 1512, 548 p., 144 x 208 mm.

POETAS *Cristãos Antigos*, *I* (em grego), 1501, 464 p., 147 x 212 mm.

POETAS *Cristãos Antigos*, *II* (em grego), 1502, 586 p., 146 x 202 mm.

GREGORIUS NAZIANZENUS, *Cantos para o Bem* (em grego e tradução latina), 1504, 468 p., 152 x 214 mm.

DEMÓSTENES, *Orações* (em grego), 1504, 288 p., 182 x 277 mm.

PIETRO BEMBO, *Gli Asolani*, 1505, 196 p., 130 x 203 mm.

ALDO MANUZIO, *Institutionum grammaticarum libri quartuor...*, 1508, 384 p., 198 x 145 mm.

ORADORES, *I* (em grego), 1508, 734 p., 173 x 281 mm.

ORADORES, *II* (em grego), 1508, 418 p., 173 x 285 mm.

PLUTARCO, *Opúsculos* (em grego), 1509, 1050 p., 184 x 284 mm.

A HERENIO (em latim), 1514, 490 p.

MARCO CATÃO, *Livro Sobre o que É Rural* (em latim), 1514, 616 p., 130 x 213 mm.

MARCO FABIUS QUINTILIANUS, *Institutiones oratoriae*, 1514, 460 p., 133 x 211 mm.
ALDO MANUZIO, *Normas Gramaticais* (em latim), 1514, 428 p., 146 x 212 mm.
M. TULLIUS CICERÓ, *Rhetoricorum*, 1514, 490 p., 131 x 208 mm.

Livros in-oitavo (a chamada coleção de bolso)

VIRGÍLIO [P. Virgilius Maro], *[Bucólicas, Geórgicas, Eneida]*, 1501, 456 p., 95 x 153 mm.
HORÁCIO [Q Horatius Flacos], *Carminum liber primus...*, 1501, 286p., 95 x 151 mm.
JUVENAL [D. Junius Juvenalis], PERSEU [A. Persius Flacus], *Satyrae*, 1501, 156 p., 95 x 151 mm.
MARCIAL [M. Valerius Martialis], *Epigramamata*, 1501, 382 p., 164 x 101 mm.
GIROLAMO DONÀ, *Ad Christianissinus Gallorum Regem Oratio*, 1501, 8 p., 111 x 150 mm.
FRANCESCO PETRARCA, *Le cose volgare*, 1501, 384 p., 101 x 165 mm.
SÓFOCLES, *Tragédias* (em grego), 1502, 392 p., 96 x 162 mm.
CÍCERO, *Cartas Familiares* (em latim), 1502, 1512, 534 p.
LUCANO [M. Annaeus Lucanus], *Pharsalia*, 1502, 280 p., 99 x 164 mm.
P. PAPINUS STACIUS, *Sylvae..., Thebaides..., Achilleides*, 1502, 504 p., 163 x 100 mm.
VALERIO [Valerius Maximus], *Dictorium et factorum memorabilum libri noven*, 1502, 432 p., 99 x 162 mm.
GIOVANNI BATTISTA EGNAZIO, *Oração em Louvor de Benedetto Prunuli* (em latim), 1502, 16 p.
OVÍDIO [P. Ovidius Naso], *Metamorphoseon libri XV (Metamorfoses)*, 1502, 536 p., 95 x 158 mm.
OVÍDIO [P. Ovidius Naso], *Heroidum epistolae...*, 1502, 404 p., 98 x 161 mm.
OVÍDIO [P. Ovidius Naso], *Fastorum...; De tristibus:...; De ponto libri*, 1502, 408 p., 98 x 161 mm.
CATULO, TIBULO, PROPÉRCIO [C. Valerius Catullus, A. Tibullus, S. Propertius], *Carmina Elegiae*, 1502, 304 p., 99 x 159 mm.
DANTE ALIGHIERI, *La Terze Rime: Lo'Inferno, e'l Purgatorio e'l Paradiso*, 1502, 488 p., 91 x 159 mm.
GIORGIO INTERIANO, *La vita, et sito de Zychi, chiamati, ciarcassi historia notabile*, 1502, 12-16 p., 98 x 143 mm.

ANTOLOGIA Grega de Epigramas (em grego), 1503, 580 p., 97 x 168 mm.

EURÍPIDES, Tragédias I (em grego), 1503-1504, 534 p., 95 x 161 mm.

EURÍPIDES, Tragédias II (em grego), 1503-1504, 380 p., 95 x 161 mm.

HOMERO, Ilíada (em grego), 1504, 554 p., 97 x 158 mm.

HOMERO, Odisseia (em grego), 1504, 500 p., 96 x 162 mm.

ORAÇÃO de Carteromaquia (em latim), 1504, 30 p.

QUINTO EMILIANO [Q AEmilianus (Cimbriacus)], *Encomiastica ad divos caesares Federicum imperatorem et Maximilianum regem romanorum*, 1504, 48 p., 95 x 153 mm.

SCIPIONE FORTIGUERRA (Carteromaco), *Oratio de laudibus literarum graecarum Venettis habita mensse ianuario MD III*, 1504, 32 p., 108 x 175 mm.

QUINTUS SMYRANAEUS, *Alguns Livros Deixados por Homero* (em grego), 1505, 344 p., 94 x 169 mm.

GIOVANNI AURELIO AUGURELLO, *Carmina*, 1505, 256 p., 99 x 157 mm.

GIOVANNI PONTANO, *Opera*, 1505, 484 p., 98 x 163 mm.

ADRIANO, *A Ascani, cardeal veneziano* (em latim), 1505, 16 p.

VIRGÍLIO [P. Virgilius Maro], *Opera*, 1505, 608 p., 98 x 153 mm.

EURÍPIDES, *Hecuba, et Iphigenia in Áulide* (com tradução latina de Erasmo de Rotterdam), 1507, 160 p., 91 x 157 mm.

PLINIO [Caius Plinius Caellicus Secundus], *Epistolarum libri decem*, 1508, 548 p., 95 x 165 mm.

HORÁCIO [Q. Horatius Flaccus], *Poemata...*, 1509, 310 p., 100 x 165 mm.

SALÚSTIO [Caius Crispus Sallustius], *De Coniuratione Catilinae*, 1509, 279 p., 101 x 162 mm.

MANUEL CRISOLORAS, *Gramática* (em grego), 1512, 296 p.

PÍNDARO, *Olímpicas, Píticas, Nemeiias, Istmicas* (em grego), 1513-1514, 374 p., 100 x 158 mm.

JULIO CÉSAR [C. Julius Caesar], *Commentariarum de bello Gallico libri VIII...*, 1513, 296 p., 95 x 164 mm.

CICERO [Marcus Tullius Cicero], *Epistolarum ad Atticum, ad Brutum, ad Quintum fratrem libri XX*, 1513, 364 p., 96 x 166 mm.

ERCOLE E TITO VESPASIANO STROZZI, *[Carmina] Strozii poetae pater et filius*, 1514, 204 p., 93 x 160 mm.

ERCOLE E TITO VESPASIANO STROZZI, *[Carmina] Strozii poetae pater et filius*, 1514, 116? p., 93 x 162 mm.

VIRGÍLIO, *Opera*, 1514, 446 p., 98 x 158 mm.

VALERIUS MAXIMUS, *Dictorum et factorum memorabilium libri novem*, 1514, 432 p., 91 x 158 mm.

Francesco Petrarca, *As Rimas* (em italiano), 1514, 368 p.
Jacopo Sannazzaro, *Arcadia*, 1514, 178 p., 98 x 164 mm.
Lucrécio [T. Lucretius Caro], *De rerum natura...*, 1515, 256 p., 99 x 163 mm.
Celio Lactiano Firmiano, *Livros dos Nomes Divinos* (em latim), 1515, 696 p.
Ovídio, *Vida Tirada de seus Livros* (em latim), 1515, 344 p.
Erasmo de Rotterdam, *A Loucura ou Seja Estultice* (em latim), 1515, 100 p.
Dante Alighieri, *La Terze Rime. Lo'Inferno e'l Purgatori e'l Paradiso de Dante Alighieri* (*Divina Comédia*), 1515, 488 p., 91 x 159 mm.
Aulo Gélio, *Livros das Notas Áticas* (em latim) 1515, 740 p.

Livros in-dezesseis

Horas em Louvor da Virgem (em grego), 1497, 224 p.

Livros in-trinta e dois

Horas em Louvor da Virgem (em grego), 1505. 160 p., 48 x 80 mm.

* As diversas fontes consultadas mostram, ao confrontá-las, algumas anomalias, desde títulos que figuram em algumas e não em outras, inclusive diferenças no número de páginas, duas edições de um mesmo título etc. Apesar do interesse com que classificamos, não estamos totalmente seguros de que esta bibliografia aldina seja toda ela correta.

Bibliografia sobre Aldo Manuzio

Livros

ASCARELLI, F. *La Tipografia Cinquecentina Italiana*. Firenze, Sansone Antiquarato-Tipografia G. Civelli, 1953.
VVAA, *L'Arte della Stampa nell Rinascimento Italiano*. Venezia, Ferdinando Ongania Editore, 1894.
AUDIN, M. *Histoire de l'imprimerie*. Paris, Editions A. et J. Picart, 1972.
BADCOCK, R. G. & SOSOWER, M. L. *Learningir from the Greeks. An Exhibition Commemorating the Five-Hundredth Anniversary of the Founding of the Aldine Press*. New Haven, Beinecke Library, 1994.
BALSAMO, L. & TINTO, A. *Origine del Corsivo nella Tipografia Italiana del'500*. Milano, 1967.
BARKER, N. *Aldus Manutius and the Development of Greek Script Type in the Fifteenth Century*. 2nd ed. New York, 1992.
BARTELUCCI, E. *Genealogia e Discendenza dei Manuzio...* Firenze, 1961.
BASCHET, A. *Aldo Manuzio. Lettres et Documents, 1495-1515*. Venezia, 1867.
BIGLIAZZI, L.; DILLON BUSSI, A.; SAVINO, G. & SCAPECCHI, P. *Aldo Manuzio Tipografo 1495-1515*. Firenze, Octavo Franco Cantini Editore, 1994.
BROWN, Horatio F. *The Venerian Printing Press*, London, 1891.
BÜHLER, C. F. *Early Books and Mannuscripts. Forty Years of Research*. Princeton, 1973.
_____. *The Fifteenth-Century Book*. Filadelphia, 1960.
BURGASSI, A. C. *Serie dell'Edizione Aldine per Ordine Cronologico ed Alfabetico*. (Recompilação de Antonio Cesare Burgassi). Pisa, 1790.

CALVESI, M. *Il Sogno di Poliflo Prenestino*. Roma, 1980.
CASTELLANI, C. *La Stampa in Venezia dalla sua Origine alla Morte di Aldo Manuzio*. Venezia, Ferdinando Ongania Editore, 1889 (nova edição, 1973).
_____. *Early Venetian Printing Illustrated*. Venezia, London, New York, 1895.
COLONNA, F. *Hypnerotomachia Poliphili* (por G. Pozzi e L. A. Ciapponi). Padua, Editrice Antenore, 1980.
_____. *The Dream of Poliphilus*. London, W. Griggs, 1893.
_____. *Hypnerotomachia ou discours du sagne de Poliphili*. Paris, Payot, 1926.
CRANE, W. *The Decorative Illustrations of Books*. London e New York, George Bell and Sons, 1896.
DAZZI, M. *Aldo Manuzio e il Dialogo Veneziano di Erasmo*. Vicenza, 1969.
DIONISOTTI, C. & ORLANDI, G. *Aldo Manuzio Editore: Dediche, Prefazioni, Note ai Testi, Il Poliflo*. Milano, 1975.
MARCON, S. & ZORZI, M. *Aldo Manuzio e l'Ambiente Veneziano 1494-1515*. Venezia, Il Cardo, 1994.
DE NOLHAC, P. *Les correspondants d'Alde Manuce: Metériaux Noveaux d'Histoire Littéraire*. Roma, 1888.
DE TOLDO, V. *L'Art italien de la reliure du livre*. Milão, Bottega di poesia, 1924.
EISENSTEIN, E. L. *La Rivoluzione Inavvertita. La Stampa come Fattore di Utamento*. Bologna, 1985. Ed. castelhana: *La Revolución de la Imprenta en la Edad Moderna en Europa*. Torrejón de Ardoz, Akal, 1994.
ENCICLOPEDIA *della Stampa*. Torino, Società Editrice Internazionale, 1969.
FEBVRE, L. P. V. & MARTIN, H. *L'apparition du livre*. Paris, Albin Michel, 1971.
FERRIGUI, M. *Aldo Manuzio*. Milan, 1925.
FLETCHE, H. G. *New Aldine Studies. Documentary Essays of the Life and Work of Aldus Manutius*. San Francisco, 1988.
FIRMIN-DIDOT, A. *Alde Manuce et l'Hellénisme à Venice*. Paris, 1875.
GERULAITIS, L. *Printing and Publishing in Fifteenth-Century Venice*. London, 1976.
GOFF, R. G. *Incunabula in American Libraries. A Third Census of Fifteenth-Century Books Recorded in North American Collections*. New York, 1964.
GOLDSCHMIDT, E. P. *The Printed Book of the Renaissance*, Cambridge, 1950.

HOBSON, A. *Humanists and Book-binders: The Origin and Diffusion or the Humanistic Bookbinding 1459-1559*. Cambridge, 1989.
HORAWITZ, A. *Lettere Volgare di Aldo Manuzio*. Roma, 1592.
KALLENDORF, C. *A Bibliography of Venetian Editions of Virgil, 1470-1599*. Firenze, 1991.
LABARRE, A. *Histoire du livre*. Paris, Presses Universitaires de France, 1970.
LENKEY, S. V. *Census of Aldines California*. Stanford University Library.
LOWRY, M. *The World of Aldus Manutius. Businnes and Scholarship in Renaissance Venice*. Oxford, Blackwell, 1979.
MARTÍNEZ DE SOUSA, J. *Pequeña Historia del Libro*, Barcelona, Labor, 1992.
MORELLI, C. *Aldi Manutii Scripta Tria Longe Raríssima*. Bassani, 1806.
NORTON, F. J. *Italian Printers, 1501-1520*. London, 1958.
_____. *A Catalogue of the XVth Century Printed Books in the University Library Cambridge*. Cambridge, 1954.
OMONT, H. *Catalogues des livres grecs et latins imprimés par Alde Manuce a Venise*. Paris, Emile Bouillon Éditeur, 1892.
ORLANDI, G. *Aldo Manuzio Editore* (2 vols.). Milano, 1976.
PALACIOS FERNÁNDEZ, E. *Ortografía, Gramática y Tipografía*. Madrid, Javier G. del Olmo Editor, 1993.
PASTORELLO, E. *L'Epistalario Manuziano: Inventario Cronologico-analitico, 1483-1597*. Firenze, 1957.
_____. *Inedita Manuziana*. Firenze, 1960.
PEIGNOT, J. *De l'ecriture à la tipographie*. Paris, Gallimard, 1967.
PETTAS, W. A. *The Giunti of Florence. Merchant Publisher of the Sixteenth Century*. San Francisco, 1980.
POSTMAN, N. *The Printing of Greek in the 15th Century*. Oxford, 1900.
RAMAZZOTTI, C. *Descrizione di due Libri Stampati da Aldo*. Bologna, 1852.
RENOUARD, A. A. *Annales de l'imprimerie des Aldes...* Paris, 1803 e 1825.
RHODES, D. E. *A Catalogue of Incunabula in All the Libraries of Oxford Outside the Boldleiam*. Oxford, 1982.
SANDER, M. *Le livre à figures italien depuis 1467 jusqu'à 1530*. Milano, 1942.
SCAPECCHI, P. *Aldo Manuzio i Suoi libri, i Suoi Amici tra XV e XVI Secolo*. Florencia, Octavo Franco Cantini Editore, 1994.
SICHERL, M. *Handschriftliche Vorlagen des Editio Princeps des Aristoteles*. Mainz, 1976.
STEINBERG, S. H. *Five Hundred Years of Printing*. Harmondsworth Penguin, 1969.

SREBE, H. K. *The Polifilo and Other Aldines Reconsidered in the Context of the Productions of Decorated Books in Venice.* Cornell University, 1992.

TINTO, A. *Il Corsivo nella Tipografia del Cinquecento: Dei Caratteri Italiani ai Modeli Germanici e Fiancesi.* Verona, 1972.

THOMAS, A. G. *Great Books and Book Collectors.* New York, Simon & Schuster, 1983.

TROVATO, P. *Con ogni Deligenza Corretto. La Stampa e le Revisioni Editoriali dei Testi Litterari Italiani (1470-1570).* Bologna, 1991.

THURSTON, A. & BUHLER, G. F. *Check, List of Fifteenth-Century Printing in the Pierpont Morgan Library.* New York, 1939.

ZENO, A. *Notizie Intorno ai Manuzii*, Venezia, 1736.

ZENO, A. & MANNI, D. M. *Vita di Aldo Manuzio, Insigne Stampatore delle Lettere Greche e Latine.* Venezia, 1759.

Revistas e publicações periódicas

ADAMO, Maria Gabriella. "Dall'*Hypnerotomachia Poliphili* al Songe de Poliphili". *Studi di Letteratura Francese* (subséries of Biblioteca dell'Archivum Romanucum), Série I, Itália, 19, 1992.

ARDUINI, Stefano. "La *Hypnerotomachia Poliphili* e il Sogno Linguistico dell' Umanesimo". *Lingua e Stile: Trimestrales di Linguistica e Critica Letteraria.* Itália, jun. 1987.

ARNAULDET, P. "Graveurs de caractères et Tipographes d'Italie du Nord". *Bulletin de la Société Nationale des Antiquaries de France*, IV, 1903.

BALSAMO, L. "Alberto Pio e Aldo Manuzio: Editoria a Venezia e a Carpi fra 400 e 500". *Bulletin de la Société Nationale des Antiquaries de France*, IV, 1903.

BIADEGO, G. "Intorno al Sogno di Polifilo". *Atti del Reale Istituto Veneto di Scienze, Lettere e Arti*, 60, 1900.

BICA, L. & MARZA, I. "Carti Aldine in Bibliotheca Batthyaneum di Alba Julia". *Apuleum* 11, 1973.

BRUNETTI, M. "L'Accademia Aldina". *Rivista di Venezia*, 8, 1929.

BÜHLER, K. "The First Aldine". *Papers of the Bibliographical Society of America*, 42, 1948.

_____. "Aldus Manutins: The First Five Hundred Years". *Papers of the Bibliographical Society of America*, 44, 1950.

_____. "Aldus Manutius and the Printing of Athenaeus". *Gutenberg Jahrbuch*, 1955.

CALVESI, M. "Il Sogno di Polifilo Prenestino". *Officina*, Roma, 1980.
CASE, A. E. "More About the Aldine Pliny of 1508". *The Library*, 16, 1935.
CECCARELLI PELLEGRINO, A. "Du Bellay e il Polifilo: Lettura Pluri Isotopica del Songe". *Studi di Letteratura Francese* (subséries da Biblioteca dell'Archivum Romanicum), Serie I, Italia, n. 19, 1992.
CERUTI, A. "Lettere Inedite del Manuzi". *Archivio Veneto* 21, 1881.
CHRISTIE, R. "The Chronology of the Early Aldines". *Bibliographica* 1, 1895.
CLOUGH, C. H. "Pietro Bembo's Asolani of 1505". *Modern Language Notes* 84, 1969.
Davidson, S. G. "L'*Hypnerotormachia Polifili*: Ovvero l'Abolizione del Tempo". *Nemla Italian Studes*, New Brunswick, 1989-1990.
DAZZI, M. "Aldo Manuzio". *La Bibliofilia* 52, 1950.
DIONISOTTI, C. "Aldo Manuzio Umanista". *Umanesimo Europeo e Umanesimo Veneziano*. Venezia, 1963.
_____. "Questione aperte su Aldo Manuzio Editore". *Quinto Congresso Internazionale di Bibliofili*. Verona, 1970.
DONATI, L. "Bibliografia Aldina". *La Bibliofilia* 52, 1950.
_____. La Seconda Accademia Aldina e una Lettera ad Aldo Manuzio Trascurata da Bibliografi". *La Bibliofilia* 53, 1951.
_____. "Il Mito di Francesco Colonna". *La Bibliofilia* 54, 1962.
_____. "Le Marche Tipografice di Aldo Manuzio il Vecchio". *Gutenberg Jahrbuch*, 1974.
DOREZ, L. "Alde Manuce et Ange Politien". *Revue des Bibliotheques* 6, 1896.
_____. "Des Origines et de la Diffusion du Songe de Polifile". *Revue des Bibliotheques* 6, 1896.
_____. "La marque Typographique d'Alde Manuce". *Revue des Bibliotheques* 6, 1896.
_____. "La Mort de Pic de Mirandole et l'Édition Aldine dels Oeuvres d'Ange Politien, 1494-1498". GSLI 32, 1898.
FERRARI, S. "L'Edition Kerver de l'*Hypnerotomachia Polifili* (1546): Refraction entre le texte et les illustrations". *Studi di Letteratura Francese* (subséries da Biblioteca dell'Archivum Romanicum), Série I, Itália, n. 19, 1992.
FOUKICH, B. "On the Manuscript/Tradition of the Aldine Edition of the Tragedies of Sophocles". *Vizantiskij Vremennik* 24, 1964.
GNOLI, D. "Il Sogno di Polifilo". *La Bibliofilia* 1, 1900.
GOEBEL, G. "Le songe de Francesco Colonna Prince Pretestin". *Fifteenth Century Studies*, Detroit, 1983.

GULYAS, P. "Catalogue Descriptif des Aldines de la Bibliothèque Szechenge du Musée Nationale Hongrois". *Magyar Könyvzemle* 2, 15, 1907.

HIEATT, A. & LAKE PRESCOTT, A. "Contemporizing Antiquity: The *Hypnerotomachia* and Its Afterlife in France". *Word and Image A Journal of Verbal Visual Enquiry*. London, out.-dez. 1992.

HRABAN, G. "Alde Manuce et ses amis Hongrois". *Magyar Könyvzemle* 49, 1945.

KLEEHOVEN, M. von. "Aldus Manutius und der Plan einer Deutschen Ritterakademie". *La Bibliofilia* 52, 1950.

LAURENT, M. "Alde Manuce l'Ancien, Éditeur de S. Catherine de Siene". *Traditio* 5, 1947.

LEICHT, P. S. "I Prezzi delle Edizioni Aldine del'500", *Il Libro e la Stampa*, ano 6, 1912.

LESTRINGANT, F. "De Francesco Colonna a Bernard Palissy: Du Polofilio au jardin de refuge". *Studi di Letteratura Francese* (Subséries da Biblioteca dell'Archivum Romanicum), Série I, Itália, n. 19, 1992.

LOEWENSTEIN, J. F. "Italics and the Genetics of Authorship". *Journal of Medieval and Renaissance Studies*, Durham, outono 1990.

LOWRY, M. J. C. "Two Reat Venetian Libraries in the Age of Aldus Manutios". *Bulletin of the John Rylands University Library of Manchester* 57, 1974.

_____. "The New Academy of Aldus Manutios a Renaissance Dream". *Bulletin of the John Rylands University Library of Manchester* 58, 1976.

_____. "Aldus Manutios and Benedetto Bordon: In Search of a Link". *Bulletin of the John Rylands University Library of Manchester* 1983.

MARDERSTEIG, G. "Aldo Manuzio e i Caratteri di Francesco Griffo da Bologna". *Studi di Bibliografia e Storia in Onore di Tamaro di Marinis* 3, Verona, 1964.

MARX, A. "Aldus and the First Use of Hebrew Type in Venice". *Papers of the Bibliographical Society of America* 13, 1919.

MARZI, D. "Una Questione Libraria fra i Giunti e Aldo Manuzio il Vecchio". *Giornale della Libreria* 9, 1896.

MORISON, S. "The Type of the *Hypnerotomachia Polifili*". *Gutenterg Festsctriff*, Mainz, 1925.

NOLHAC, P. de. "Les Correspondants d'Alde Manuce: Matériaux Nouveaux d'Histoire Littéraire, 1483-1515". *Studi e Documenti di Storia e di Diritto*. Ano 1887, e ano IX, 1888.

PAINTER, G. "The *Hypnerotomachia Polifili* of 1499: An Introduction to the Dream, the Dreamer, the Artist, and the Painter". *Engranmia Press Edition*, London, 1963.

POLIZZI, G. "Le Songe de Poliphili: Renovation ou metamorphose du genre litteraire". *Actes du Colloque Internat. de Cannes*, maio 1987. In: CHARPENTIER, François (ed.). *Le songe a la Renaissance*. Saint Etienne, 1990.

_____. "L'Esthetique de l'enigme: Le Spectacle et le sens dans le Sogne de Poliphile". *Revista di Letteratura Moderne e Comparate*. Itália, jun.-set. 1988.

POZZI, G. "Un livre illustre exceptionnel: *Le Poliphile*". *Revue des Etudes Italiennes*, França, dez. 1981.

_____. "Les Hieroglyphes de *l'Hypnerotomachia Poliphili*". *Actes de la Journce d'etudes du 10 mai. 1980*. In: YVES, Giraud (ed. & introd.). *L'Embleme a la Renaissance*. Paris, 1982.

PRIEUR, M. "La Foret onirique du *Songe de Poliphili* au Coin de Foret d'Altdorfer". *Actes du Colloque Internat. de Cannes*, maio 1987. In: CHARPENTIER, Françoise (ed.). *Le sgone a la Renaissance*. Saint Etienne, 1990.

QUARANTA, E. "Osservazioni Intorno ai Caratteri Greci di Aldo Manuzio". *La Bibliofilia* 45, 1953.

RICHARDSON, B. "The Two Versions of the Appendix Aldina of 1514". *The Library: The Transactions of the Bibliographical Society*. London, jun. 1991.

_____. "Aldus Manutius, the Scholar/Printer, 1450-1515". *Bulletin of the John Rylands University Library of Manchester* 33, 1950-51.

SCARAFONI, C. Scaccia. "La Piú Antica Edizione della Grammatica Latina di Aldo Manuzio Finora Sconosciuta ai Bibliografi". *Miscellania Bibliografia in Memoria di Don Tommaso Accurti*. Roma, 1947.

SCARPA, E. "Ossevazioni sul Testo dell'*Hypnerotomachia Poliphili*". *Quaderni di Lingue e Letteratura*. Itália, 1978-1979.

SECCHI TAGURI, L. "*Il Polifilo* e il *Terzo Libro di Rabelais*". *Studi di Letteratura Francese* (subséries da Biblioteca dell'Archivum Romanicum), Série I, Itália, n. 19, 1992.

SICHERL, M. "Die Editio Princeps Aldina des Euripides und ihre Vorlagen". *Rhein Museum* 118, 1975.

SORBELLI, A. "Il Mago che Scolpi i Caratteri di Aldo Manuzio: Francesco Griffo da Bologna". *Gutenberg Jahrbuch*, 1933.

VERGNE, F. "Decadence the Dream of Poliphilus". *Cahiers Victoriens et Edouardiennes de l'Université Paul Vale*.

_____. "Decadence as Renewal: Aubrey Beardsley, Frederick Rolfe and the *Dream of Poliphilus*". *Cahiers Victoriens et Edouardiennes de l'Université Paul Vale*, out. 1992.

WAGNER, K. "Aldo Manuzio e i Prezzi dei Suoi Libri". *La Bibliofilia* 77, 1975.

Bibliografia sobre o Tempo e os Amigos de Aldo Manuzio

Livros

AMES-LEWIS, F. *The Library and Manuscripts of Piero di Cosimo de'Medeci*. New York, 1984.

BAYERISCHE Staatshibliothek München. *Incunabelkatalog*. Wiesbaden, 1988.

BERNONI, D. *Dei Torresani, Blado e Ragazzoni, Celebri Stampatori a Venezia e Roma nel XV e XVI Secolo Cogli Elenchi Annotati della Rispettive Edizioni*. Milano, 1890.

CAMERINI, P. *In Difesa di Lucantonio Giunta*. Padua, L. Penada, s.a., 1933-34.

CANART, P. & ELEUTERI, P. *Scrittura Greca Nell'Umanesimo Italiano*. Milano, 1991.

CHOMARAT, J. (ed.). *Érasme. Oeuvres choisies*. Paris, Librairie Générale Française, 1991.

GEANAKOPLOS, D. J. *Bisanzio e il Rinascimento. Umanisti Greci a Venezia e la Diffusione del Greco in Occidente (1400-1535)*. Roma, 1967 (trad. da edição americana de 1962).

GRAECUS, A. *Die Griechischen Manuskripte des Aristoteles untersucht und beschrieben von Paul Moraux*. Berlim-New York, Erster Band, 1976.

GUARDIA, A. della. *Tito Vespasiano Strozzi. Poesie Latine Tratte dall'Aldina e Confrontate coi Codici*. Modena, 1916.

HUIZINGA, J. *Erasme*. Paris, Gallimard, 1965. Existe edição castelhana: *Erasmo (I-II)*, Barcelona, Salvat Editores, 1987.

KING, M. L. *Venetian Humanism in an Age of Pratician Dominance*. Princeton, 1986.

KRISTELLER, P. O. *Iter Italicum. A Finding List of Uncatalogued or Incompletly Catalogued Humanistic Manuscripts of the Renaissance in Italian and other Libraries.* London-Leiden, 1963.

LANE, F. C. *Andrea Barbarigo Merchant of Venice 1418-1449.* Baltimore, 1944.

_____. *Storia di Venezia.* Torino, 1978.

MARINIS, T. de. *La Legatura Artistica in Italia nei Secoli XV e XVI. Notize ed Elenchi.* Vol. III. Firenze, 1960.

NOLHAC, P. de *La bilbliotèque de Fulvio Orsini. Contributions à l'histoire des Collections d'Italie et à l'étude de la Rénaissance.* Paris, 1887.

OLSCHKI, L. *Le livre en Italie a travers les siècles.* Florencia, Imprimerie Justine, 1914.

PANOFSKY, E. *Studies on Iconology.* New York, Harper & Row, 1962. Existe edição castelhana: *Estudios de Iconología*, Madrid, Alianza Editorial, 1972.

PICO DELLA MIRANDOLA, G. F. *Opera.* Basiléia, 1573.

RUMMEL, E. *Erasmus as a Traslator of the Classics.* University of Toronto Press, 1985.

RUSKIN, J. *Las Piedras de Venecia.* Barcelona, Ediciones Iberia, 1961.

SEIDEL MENCHI, S. *Erasmo de Rotterdam. Adagi, Sei Saggi Politici in Forma di Proverbi.* Toronto, Giulio Einaudi Editori, 1980.

VASARI, G. *Le Vite dei Più Eccellenti Pittori, Scultori e Architetti.* Roma, Newton, 1993.

VASOLI, C. *Alberto III Pio da Carpi.* Carpi, 1978.

WESTHEIM, P. *Das Holzschnittguch.* Postdam, Gustav Kiepenhener Verlag, 1921. Existe edição castelhana: *El Grabado en Madera.* México, Fondo de Cultura Económica, 1954, 1967.

WIND, E. *Pagan Mysteries in the Renaissance.* London, Faber and Faber, 1968, e edição revisada, Oxford, 1980. Existe edição castelhana: *Los Misterios Paganos del Renacimiento.* Barcelona, Barral Editores, 1972.

Revistas e publicações periódicas

MIQUEL I PLANAS, R. "Duración del Libro". *Revista Gráfica*, Barcelona, Institut Català de les Arts del Llibre, 1902.

MOUCHEL, C. "Paul Manuce epistolier: Grandeur et misere de l'ecrivain ciceronien". *Bibliothèque d'Humanisme et Renaissance*, n. 1211, Ginebra, diz. 1992.

Índice Onomástico

AGUILAR, Manuel ❦ 145
AICHER, Otl ❦ 189, 203
ALCIONIO, Pietro ❦ 56
ALEANDRO, Girolamo ❦ 59, 112, 154
ALEXANDRE VI ❦ 67, 166, 170, 186
ALFONSO, O MAGNÂNIMO ❦ 166
ALIGHIERI, Dante ❦ 152
ALONSO, Dámaso ❦ 47
ALZUETA, Miquel ❦ 48
A. M. 3, Estudio de diseño ❦ 226
AMATI, Andrea ❦ 89, 92
AMATI, Niccoló ❦ 92
AMATO, Silvio ❦ 167
AMERBACH, Johann ❦ 64, 65, 96, 107, 167, 203
ANSHELM, Thomas ❦ 99
APOSTÓLIO, Aristóbulo ❦ 58
ARANZI, Girolamo ❦ 58
ARIOSTO, Ludovico ❦ 170
ARISTÓFANES ❦ 67, 98, 99, 149, 162
ARISTÓTELES ❦ 48, 67, 69, 72, 80, 149, 162, 169
ARRIGHI, Ludovico degli ❦ 90, 91
ATLANTESE, Leonardo ❦ 167
ATLANTESE, Lucca ❦ 167
AUGUSTO ❦ 187
AUGUSTIJN, Cornelis ❦ 62, 67, 113

AVERROÉS ❦ 79

BACON, Francis ❦ 185
BAKER, Nicholson ❦ 221
BALCELLS, Carmen ❦ 176
BALLESTER, Arturo ❦ 191
BALZAC, Honoré de ❦ 191
BARBARI, Jacopo de' ❦ 125
BARBARIGO, Pierfrancesco ❦ 39, 121, 147, 151
BARBARO, Ermolao ❦ 37, 39, 52, 151, 175, 177
BARRAL, Carlos ❦ 48, 209, 240
BAYER, Herbert ❦ 198
BEARDSLEY, Aubrey ❦ 191
BEHRENS, Peter ❦ 193, 195
BELLINI, Giovanni ❦ 34, 35, 125
BEMBO, Pietro ❦ 52, 53, 56, 73, 77, 100, 134, 151, 156, 170, 176
BENASSAR, Bartolomé ❦ 164
BENET, Rafael ❦ 13
BENJAMIN, Walter ❦ 125, 189
BERLUSCONI, Silvio ❦ 212
BERUT, Rafael ❦ 11
BM ESTUDIO DE DISEÑO ❦ 220
BESSARION, Jean ❦ 76
BLAKE, Stephenson ❦ 93

❦ 247

BOCCACCIO, Giovanni ✤ 152
BODONI, Giambattista ✤ 33, 88, 189, 206, 207, 208
BOHIGAS, Oriol ✤ 11, 16
BOHIGAS, Pedro ✤ 141, 160
BOLZANIO, Urbano ✤ 58, 73, 76, 162, 168
BONAPARTE, Napoleão ✤ 205
BONDINI, Alessandro ✤ 56
BORINGHIERI ✤ 207
BÓRGIA, Lucrécia ✤ 67, 166
BRACCIO, Gabriello ✤ 58
BRADLEY, William ✤ 191
BRODOVITCH, Alexei ✤ 202
BROSSA, Joan ✤ 13, 224, 225
BRUGALLA, Emilio ✤ 132, 243
BÜHLER, Curt F. ✤ 102, 106
BUONAROTTI, Michelangelo ✤ 135
BUSCH, Wilhelm ✤ 191

CALLEJA, Saturnino ✤ 144, 145, 178
CAMBÓ, Francisco ✤ 47
CAMPAGNOLA, Giulio ✤ 107, 108, 125, 168
CANAL, Paolo ✤ 56
CANDI, Giovanui ✤ 35
CANFIELD ✤ 88
CAPE, Herbert Jonathan ✤ 48, 88, 212
CARLOS MAGNO ✤ 94
CARLOS III ✤ 88
CARLOS V ✤ 141
CARO RAGGIO, Rafael ✤ 88
CARPACCIO, Vittore ✤ 35, 125, 145
CARPI, Alberto Pio de ✤ 52, 56, 58, 67, 69, 72, 81, 146, 147, 148, 166
CARPI, Leonello Pio di ✤ 52, 56
CASARES, Julio ✤ 89
CASLON, William ✤ 96
CASTELLANI, Carlo ✤ 56
CASTELLANI, Mimmo ✤ 56, 207
CASTIGLIONE, Achille ✤ 27

CATALA-ROCA, F. ✤ 224
CATULO ✤ 156
CELA, Camilo José ✤ 209
CELTER, Conrad ✤ 99
CERRI, Pierluigi ✤ 217
CERVICOMUS ✤ 99
CHOMARAT, J. ✤ 64, 165
CHURCHILL, Winston ✤ 148
CÍCERO ✤ 53, 117, 153, 154, 202
CIPELLI; Egnazio Battista ✤ 56, 154
CISNEROS, Francisco Jiménez de ✤ 58
CLEMENTE VII ✤ 135
CODOSI, Mauro ✤ 35
COLOMBO, Cristóvão ✤ 31, 141
COLOMBO, Fernando ✤ 31, 141, 164
COLONNA, Francesco ✤ 100, 110, 123, 124, 127, 129, 170, 179, 188
COMÍN, Alfonso ✤ 77
COMPAÑÍA DE DISEÑO ✤ 220
CONAN DOYLE, Arthur ✤ 135
CONEGLIANO, Cima da ✤ 125
CONFALONIERI, Giulio ✤ 208
COPLAND, Aaron ✤ 91
CORAZÓN, Alberto ✤ 209, 245
CORBUSIER, Le (Jeanneret Gris, Edouard) ✤ 26, 28
CORTÁZAR, Julio ✤ 211
CRANE, Walter ✤ 128, 191
CUSA, Niccoló di ✤ 111

DALÍ, Salvador ✤ 37
DAZZI, Manlio ✤ 22, 37, 45, 53, 55, 56, 59, 69, 71, 72, 79, 84, 99, 100, 107, 112, 131, 135, 141, 147, 152, 154, 165, 172
DECADIO, Giostino ✤ 58
DELPIRE, Robert ✤ 207
DEMÓSTENES ✤ 149, 162
DICKENS, Charles ✤ 191
DIDOT, Ambroise-Firmin ✤ 22, 69, 189
DINSLAKEN, Jordan von ✤ 167

DIONISOTTI, Carlo ✤ 21, 147
DIOSCÓRIDES ✤ 99, 149
DOESBURG, Theo van ✤ 197
DOMICIANO ✤ 158
DORÉ, Gustave ✤ 191
DUCAS, Demetrio ✤ 58
DUMAS, Alexandre ✤ 191
DÜRER, Albrecht ✤ 49

EINAUDI, Giulio ✤ 23, 178, 207, 209
ELIAS, Feliu ✤ 11
ELZEVIR ✤ 62
ESCOBAR, H. ✤ 67, 106, 158, 187
ESPASA, José ✤ 61, 165
ESOPO ✤ 71, 162
ÉSQUILO ✤ 149
ESTE, Isabel de ✤ 67, 133, 166
ESTIENNE, Robert ✤ 73
ESTUDIO CB ✤ 220
ESTUDIO PROPAGANDA ✤ 220
ESTUDIO SM ✤ 220
EUGÊNIO IV ✤ 60
EULALIA COMA SC ✤ 220
EURÍPIDES ✤ 56, 65, 67, 120, 122
EVANS, D. ✤ 200

FAUCHEUX, Pierre ✤ 189, 200, 201, 231
FEBVRE, Lucien Paul Victor ✤ 52, 72, 99, 158, 170
FELTRINELLI, Giangiaccomo ✤ 207
FICINO, Marsilio ✤ 32, 51, 55, 69, 76, 111, 112, 132
FILOPÓ, Giovanni ✤ 74
FIORE, Quentin ✤ 189, 190
FLAMMARION, Ernest ✤ 143
FLECKHAUS, Willy ✤ 189, 202, 203, 204
FLETCHER, Alan ✤ 217
FOIX, Ana de ✤ 67, 166
FOIX, Josep Vicenç ✤ 171
FORBES, Colin ✤ 217

FORNAS, Jordi ✤ 208
FORTIGUERRA, Scipione ✤ 50, 58, 72, 73
FRANCISCO I ✤ 135
FRANKLIN, Benjamin ✤ 88, 189, 232
FRÖBEN, Johannes ✤ 64, 115, 107, 203
FUST, Johann ✤ 95

GABRIELLI, Angelo ✤ 56
GALENO ✤ 61
GALLIMARD, Gaston ✤ 145, 178, 184, 193, 208
GARAMOND, Claude ✤ 96
GARCÍA MÁRQUEZ, Gabriel ✤ 174, 176
GARNIER, Auguste ✤ 48
GAZA, Teodoro ✤ 73
GAYA, Ramón ✤ 191
GHIRLANDAIO, Domenico ✤ 81
GIACOMO, "el húngaro" ✤ 108
GIDE, André ✤ 178
GIL, Daniel ✤ 117, 120, 189, 208
GILI, Gustavo ✤ 40, 185
GILL, Bob ✤ 217
GILL, Eric ✤ 184, 189, 195
GILOT, Françoise ✤ 205
GIMÉNEZ, Juan Ramón ✤ 178
GIOCONDO, Giovanni ✤ 38
GIORGIONE (Giorgio Zorzi) ✤ 37, 38, 39, 185
GIROLAMO ✤ 167
GIUDECO, Nicola ✤ 50
GIUNTA, familia (Filippo, Lucantonio, Bernardo) ✤ 106, 131, 168
GLASER, Milton ✤ 202
GOETHE, Wolfgang ✤ 191
GRASSET, Bernard ✤ 48
GREGOROPOULO, Giovanni ✤ 58
GREGOTTI, Vittorio ✤ 130
GRIFO, Sebastian ✤ 104
GRIFFO, Francesco ✤ 73, 79, 91, 97, 100, 102, 105, 107, 108, 131, 137, 159, 168

GROLIER DE SERVIÈRES, Jean de ✣ 84,
    134, 135
GROPIUS, Walter ✣ 22, 23, 26, 193
GROSZ, Georges ✣ 200
GUARNIERI DEL GESÚ ✣ 89, 92
GUTENBERG, Johannes ✣ 20, 32, 33,
    94, 95, 96, 112, 130
GYMNICH ✣ 99

HACHETTE, Louis ✣ 145
HALLER, Johannes ✣ 167
HANNAH, Daryl ✣ 213
HARPER, irmãos ✣ 88
HAWKING, Stephen ✣ 33
HEARTFIELD, John ✣ 200
HENRIQUE VIII ✣ 61
HERMÓGENES ✣ 162
HERÓDOTO ✣ 67, 149
HESÍODO ✣ 67
HESSE, Hermann ✣ 48, 118
HOERNEN, Aram Theodor ✣ 140
HOLBEIN, Hans ✣ 107
HOLMES, Sherlock ✣ 135
HOMERO ✣ 76, 162
HONNECOURT, Villard de ✣ 28
HORÁCIO ✣ 112, 152, 158, 220
HUARTE, Jesús ✣ 209
HUGO, Victor ✣ 191
HUIZINGA, Johan ✣ 103, 107
HUXLEY, Aldous ✣ 178

IBARRA, Joaquín ✣ 88
IBORRA & ASOCIADOS, Estudio de diseño ✣ 220
INTERIANO, Giorgio ✣ 170
ISÓCRATES ✣ 71

JÂMBLICO ✣ 76, 78, 149
JANÉS, José ✣ 209
JENSON, Nicholas ✣ 34, 36, 51, 68,
    96, 100, 102, 112, 128, 147
JIMÉNEZ, Juan Ramón ✣ 178

J. S. & G. G., Estudio de diseño ✣ 220
JULIO II ✣ 67, 166, 170, 186
JUNCEDA, Joan G. ✣ 191

KAFKA, Franz ✣ 103
KALMAN, Tibor ✣ 189
KAZANTZAKIS, Nikos ✣ 176
KNOPF, Alfred A. ✣ 202
KRAUS, Karl ✣ 195

LABARRE, Albert ✣ 53
LAKE, Carlton ✣ 205
LANE, Allen ✣ 116, 175
LARA, José Manuel ✣ 42
LAROUSSE, Pierre ✣ 48
LASCARIS, Constantino ✣ 58, 70, 72,
    99, 149, 155, 156
LEÃO X ✣ 56, 58, 67, 76, 165, 166, 170
LEONICENO, Niccoló ✣ 150, 151
LEOPARDI, Alessandro ✣ 35
LIÉBANA, Beato de ✣ 33
LINACRE, Thomas ✣ 58, 61, 155
LIPPMANN ✣ 128
LISSITSKI, Eliezer Markóvich, O Lazar ✣ 196, 197
LOMBARDI, Pietro ✣ 34
LOMBARDI, Tullio ✣ 34
LONGINO, Vincenzo ✣ 167
LOOS, Adolf ✣ 195
LOTTO, Lorenzo ✣ 125
LOWRY, Martin ✣ 22, 97, 106, 108,
    154, 156, 172, 177
LUCCA, Giovani da ✣ 58
LUCIANO ✣ 65, 66, 162
LUIS XI ✣ 76
LUSTIG, Alvin ✣ 202

MACMILLAN, Harold ✣ 48
MAIAKÓVSKI, Vladímir ✣ 197
MAIOLI, Lorenzo ✣ 79
MAIOLI, Tommaso ✣ 79, 135, 138, 170
MALDONADO, Tomás ✣ 130

Índice Onomástico ❦ 251

Manguel, Alberto ❦ 84
Mann, Thomas ❦ 195
Manni, Domenico Maria ❦ 22, 44, 53
Montaner y Simon ❦ 88
Mantegna, Andrea ❦ 125
Maomé ii ❦ 60
Marco, duque veneziano ❦ 147
Mari, Enzo ❦ 207
Marinetti, Filippo Tomaso ❦ 195
Martin, Henri-Jéan ❦ 52, 170
Massin, Robert ❦ 189, 193, 194, 203
Mayer, Peter ❦ 175, 181, 184
McConnell, John ❦ 216, 217
McLuhan, Marshall ❦ 190
Mendoza, Eduardo ❦ 22
Menéndez y Pelayo, Marcelino ❦ 88
Menochio, Girolamo ❦ 58
Messina, Antonello da ❦ 35
Mestres, Apeles ❦ 191
Mies van der Rohe, Ludwig ❦ 26
Miller, Johann ❦ 99
Miquel i Planas, Ramón ❦ 32, 44, 137, 189
Miralles, Hermenegildo ❦ 132
Mocetto ❦ 125
Molin, Marco ❦ 56
Mondadori, Arnoldo ❦ 88, 178
Montale, Eugenio ❦ 178
Montefeltro, Guido di ❦ 67, 133, 166
Monzó, Quim ❦ 222, 225
Morison, Stanley ❦ 18, 36, 106, 118, 138, 189, 195, 198
Morris, William ❦ 88, 96, 101, 102, 109, 128, 159, 189
Morus, Thomas ❦ 61
Motta, Girolamo Aleandro da ❦ 56
Moura, Beatriz de ❦ 220
Munari, Bruno ❦ 23, 26, 207
Murray, John ❦ 145
Musuro, Marco ❦ 58, 60, 154

Navagero, Andrea ❦ 56
Next, Estudio de diseño ❦ 220
Nitsche, Erik ❦ 207
Nolhac, Pierre de ❦ 61

Oe Kenzaburo ❦ 222
Omont, Henri ❦ 43, 71, 97
Orlandi, Giovanni ❦ 21
Ortega Spottorno, José ❦ 48, 208
Oteiza, Jorge ❦ 11
Ovídio ❦ 205
Owen, Peter ❦ 215

Painter, George ❦ 130, 184
Palacios Fernández, Emilio ❦ 64, 96
Palatino, Giambattista ❦ 90, 91
Palladio, Andrea ❦ 37
Palomino, Antonio ❦ 132
Panofsky, Erwin ❦ 55, 112
Pausânias ❦ 162
Pauvert, Jean-Jacques ❦ 205
Pavese, Cesare ❦ 178
Pellicer, Cirici ❦ 11
Penagos, Rafael de ❦ 191
Pennac, Daniel ❦ 180
Peña Díaz, Manuel ❦ 72
Pérez Galdós, Benito ❦ 22
Pérez Reverte, Arturo ❦ 22
Perotti, Niccoló ❦ 76, 82, 100
Perucho, Joan ❦ 40
Petrarca, Francesco ❦ 53, 105, 152
Pevsner, Nikolaus ❦ 25, 195
Picasso, Pablo ❦ 185, 205
Pico della Mirandola, Giovanni Francesco ❦ 31, 39, 50, 51, 52, 53, 55, 69, 79, 83, 96, 111, 149, 151, 166, 170
Platão ❦ 48, 55, 59, 64, 67, 111, 112, 149, 162, 165, 172, 220
Plauto ❦ 65
Plutarco ❦ 162

POLIZIANO, Angelo ✣ 63, 73, 151, 170, 177
PONTANO, Giovanni ✣ 170
POSTMAN, Neil ✣ 52
PRADERA, Javier ✣ 208
PRE-TEXTOS (SGE) ✣ 220
PREETORIUS, Emil ✣ 191, 195
PROCLO ✣ 76, 149
PROCTOR, Robert ✣ 106, 108
PTOLOMEO ✣ 187
PUIG I CADAFALCH, Josep ✣ 11, 16

QUINTILIANO ✣ 71

RACKAM, Arthur ✣ 191
RAFAEL de Urbino ✣ 133
RAND, Paul ✣ 202
REGÀS, Rosa ✣ 7
RENNER, Paul ✣ 198
RENIER, Daniele ✣ 56
RENOUARD, Antoine-Augustin ✣ 22, 71, 72, 73, 79, 131
RENTSCH, Eugen ✣ 205
RENCHLIN, Johannes ✣ 155, 167
RICARD BADIA & ASOCIADOS ✣ 220
RICCI, Franco Maria ✣ 88, 206, 207, 208, 215
RIERA ROJAS, Roque ✣ 191
RILKE, Rainer Maria ✣ 178, 195
RIVADENEYRA, Manuel ✣ 88
RIZZOLI, Angelo ✣ 88
ROJO, Vicente ✣ 174
ROSETO, Francesco ✣ 58
ROSSO, Giovanni ✣ 58, 61, 97
ROTTERDAM, Erasmo de ✣ 39, 48, 49, 58, 59, 61, 62, 63, 64, 65, 79, 84, 96, 103, 104, 107, 112, 152, 154, 155, 156, 162, 165, 168, 176, 187, 203, 221
ROUSSILLON, Marius ✣ 223
ROWOLT, Ernst ✣ 103
RUBIÓ I BALAGUER, Jordi ✣ 17, 226

RUSKIN, John ✣ 21

SALINAS, Jaime ✣ 7, 208, 209
SALVAT, Manuel ✣ 48
SALVAT, Miguel ✣ 48
SANAZZARO, Jacopo ✣ 170
SANTA CATALINA DE SIENA ✣ 152
SANUDO, Marino ✣ 58
SANZIO, Rafael del ✣ 133, 166
SATUÉ, Enric ✣ 11, 16, 211
SAURA, Antonio ✣ 11
SCAPECCHI, Piero ✣ 39, 53, 81, 156, 171
SCHIFFRIN, André ✣ 214
SCHÖFFER, Peter ✣ 95
SCHUMANN, Valentin ✣ 99
SCHÜRER, Mathias ✣ 99
SCHWABE, Benno ✣ 203
SDD SERVICIOS DE DISEÑO ✣ 220
SEGRELLES, José ✣ 191
SEIDEL MENCHI, Silvana ✣ 64, 187
SEIX E BARRAL ✣ 88
SÊNECA ✣ 65
SEOANE, Luis ✣ 191, 208
SKIRA, Albert ✣ 86, 88, 205
SÓFOCLES ✣ 67, 99, 149
SOLBES, Rafael ✣ 185, 186
SONCINO, Girolamo ✣ 105
SOPENA, Ramón ✣ 88
SOTER ✣ 99
SOTTSASS, Ettore ✣ 214
SPINDELER, Nicholas ✣ 94
SPIRA, Giovanni da ✣ 53, 54
SQUIRES, James D. ✣ 213
STEINBERG, S. H. ✣ 97, 105, 156, 167
STEINER, Albe ✣ 207
STEINER, Jacobo ✣ 92
STRADIVARIUS, Antonio ✣ 92, 107
STROZZI, Ercole i Tito Vespasiano ✣ 170
STUART MARTÍNEZ DE IRUJO, Jacobo F. J. ✣ 220

Índice Onomástico ❦ 253

STURM, Johannes ❦ 105
SUHRKAMP, Peter ❦ 48, 88, 178, 195, 202
SUMMA COMUNICACIÓN ❦ 220
TAGLIENTE, Antonio ❦ 90, 91
TÀPIES, Antoni ❦ 11
TASMANIAS, Estudio de diseño ❦ 220
TAUCHNITZ, Bernhard ❦ 88
TEÓCRITO ❦ 67, 71, 73, 75
TERENCIO ❦ 65
THOMAS, A. G. ❦ 130
THOMPSON, Bradbury ❦ 189, 202
TIBERIO ❦ 158
TIELK, Joachim ❦ 92
TIEMANN, Walter ❦ 195
TINTORETTO, Domenico ❦ 37
TIRRENO, Benedetto ❦ 58
TITO ❦ 158
TOLDO, Vittorio De ❦ 141, 226
TOLSTÓI, Leão ❦ 191
TORÍO DE LA RIVA, Torcuato ❦ 104, 105
TORNABUONI, Giovanna ❦ 81
TORRESANI, Andrea ❦ 34, 51, 58, 59, 72, 87, 147, 148, 151, 155, 166
Torresani, Federico ❦ 58
TORRESANI, Francesco ❦ 58
TORRESANI, María ❦ 81
TSCHICHOLD, Jan ❦ 23, 24, 27, 114, 116, 184, 189, 195, 198, 199, 203
TUCÍDIDES ❦ 149

TUSQUETS, Esther ❦ 209
TWAIN, Mark ❦ 191
UNSELD, Siegfried ❦ 48, 103, 118, 202, 203
URGOITI, Nicolás María ❦ 48
URIARTE, Ángel ❦ 119, 182
VALDÉS, Manolo ❦ 185, 186
VALDÉS LEAL, Juan ❦ 112
VALLA, Giorgio ❦ 170
VASARI, Giorgio ❦ 55
VENETO, Francesco Giorgio ❦ 111
VENTURI, Lionello ❦ 37, 39
VERROCCHIO, Andrea ❦ 35
VINCI, Leonardo da ❦ 167
VIRGÍLIO ❦ 102, 104, 105, 152, 157, 159, 205
VIOLLET-LE-DUC, Eugène ❦ 11, 16

WAGNER, Klaus ❦ 31, 164
WALSER, Robert ❦ 118
WEISS, Emil Rudolf ❦ 195
WESTHEIM, Paul ❦ 103, 128
WIND, Edgar ❦ 111, 112
WOLPE, Berthold ❦ 184, 189

XENOFONTE ❦ 149

ZORZI, Marino ❦ 31, 121

Título	*Aldo Manuzio*
	Editor. Tipógrafo. Livreiro
Autor	Enric Satué
Tradução	Cláudio Giordano
Design	Tomás Martins
	Negrito Design Editorial
Assistente de design	Ana Paula H. Fujita
Formato	13,5 x 21 cm
Número de Páginas	256
Tipologia	Janson Text e Univers
Papel	Papel Chambril Avena 80 g/m² (miolo)
Impressão	Lis Gráfica